D1003443

Fais de moi un instrument de ta paix

KENT NERBURN

Fais de moi un instrument de ta paix

Vivre la prière de François d'Assise

Traduit de l'anglais par Ghislaine Roquet

BELLARMIN

En couverture : Giotto di Bondone, *Légende de saint François-Sermon aux oiseaux* (détail),
1297-1299 (fresque, 270 x 200 cm, basilique San Francesco, Assise, Italie)

Données de catalogage avant publication (Canada)

Nerburn, Kent, 1946-

Fais de moi un instrument de ta paix : vivre la prière de François d'Assise

Traduction de : *Make me an Instrument of Your Peace.*

ISBN 2-89007-919-8

1. Vie spirituelle – Église catholique.
2. François d'Assise, saint, 1182-1226.
3. Paix – Aspect religieux - Église catholique.
4. Dieu. I. Titre.

BX2350.2.N4414   2001   248.4'82   C2001-94103-6

Titre original : *Make me an Instrument of Your Peace. Living in the Spirit of the Prayer of Saint Francis*
Publié en accord avec Harper Collins Publishers inc.

© Kent Nerburn, 1999
© Éditions Bellarmin, 2001, pour l'édition française

Dépôt légal : 3ᵉ trimestre 2001
Bibliothèque nationale du Québec

Les Éditions Bellarmin remercient le ministère du Patrimoine canadien du soutien qui leur
est accordé dans le cadre du Programme d'aide au développement de l'industrie de l'édition.

Les Éditions Bellarmin remercient également le Conseil des Arts du Canada et
la Société de développement des entreprises culturelles du Québec (SODEC).

Les Éditions Bellarmin bénéficient du Programme de crédit d'impôt pour l'édition
de livres du Gouvernement du Québec, géré par la SODEC.

IMPRIMÉ AU CANADA

Tout ce que nous tournons vers Dieu est une prière.

IGNACE DE LOYOLA

La prière de saint François

Seigneur, fais de moi un instrument de ta paix.

Là où est la haine, que je sème l'amour.
Là où est l'offense, que je sème le pardon.
Là où est le doute, que je sème la foi.
Là où est le désespoir, que je sème l'espérance.
Là où sont les ténèbres, que je sème la lumière.
Là où est la tristesse, que je sème la joie.

Ô Seigneur,
Que je ne cherche pas tant à être consolé qu'à consoler
Que je ne cherche pas tant à être compris qu'à comprendre
Que je ne cherche pas tant à être aimé qu'à aimer.

Car c'est en se donnant que l'on reçoit
C'est en pardonnant que l'on obtient le pardon
C'est en mourant que l'on ressuscite à la Vie

Introduction

LA RAYONNANTE LUMIÈRE DE DIEU

Essayer de comprendre Dieu, c'est comme tenter de capter et de retenir les rayons du soleil dans ses mains, comme font les enfants. C'est reconnaître la présence du mystère ineffable, mais toujours insaisissable.

Il en a toujours été et il en sera toujours ainsi. Nous savons qu'au cœur de toutes les grandes vérités spirituelles se trouvent une absolue simplicité, un sens profond qui échappe à toute définition et qui donne à la vie une unité que ne peut atteindre aucune connaissance. Mais quand nous cherchons à saisir cette simplicité, elle nous fuit. Nous restons avec les tables de pierre, alors que nous rêvions d'être touchés par la main qui nous les a données.

Au cours des siècles, nous avons bâti des cathédrales de sens que nous appelons théologie. Ce sont de remarquables monuments créés par notre intelligence, des expressions dignes de ce que nous pouvons faire de mieux pour approcher la majesté et le mystère de Dieu par notre esprit. Mais finalement eux aussi sont des créations de pierre. Ils peuvent nous rapprocher des voies de Dieu sur terre, mais ils ne nous rapprochent pas de sa présence.

De temps à autre, dans chaque tradition, apparaît une œuvre dont la profondeur nous fait entrevoir cette présence. Elle semble venir du cœur même de Dieu et contenir les vérités incompréhensibles et la grandeur illimitée que nous recherchons avec ardeur. Elle est si limpide, si simple, si authentique dans sa vérité spirituelle qu'elle transcende l'analyse et la connaissance. C'est le soleil qui éclaire nos constructions théologiques, c'est la caresse de la main qui a gravé les tables de pierre.

La prière de saint François est une telle œuvre. Elle dissipe toute confusion et illumine l'esprit comme une lumière qui prendrait sa source en Dieu. Elle n'exige rien que nous ne puissions accomplir, et pourtant elle demande l'impossible. C'est tout à la fois un élan fervent et une humble supplication, une exclamation et un murmure. Elle est profondément et résolument chrétienne, et pourtant absolument et fondamentalement universelle. C'est une main très douce qui nous guide sur le long et difficile chemin vers Dieu.

Tous les gens de bonne volonté désirent ardemment un tel guide. Nous voulons pouvoir marcher vers Dieu sans nous fermer aux points de vue et aux manières de faire des autres.

La prière de saint François nous le permet. Elle donne une voix à notre foi sans exiger que nous tournions le dos à ceux qui ont choisi d'autres voies. Elle est si pure, si humaine, si universelle dans son expression qu'aucune personne au cœur droit, quelle que soit sa foi, ne voudrait s'y opposer.

Selon une légende amérindienne, chacune des étoiles du ciel nocturne représente un trou percé dans la voûte du ciel par les âmes qui meurent, et la lumière qui brille au travers est la lumière de Dieu, du Grand Esprit, du Grand Mystère.

Dans un tel ciel, François est sans nul doute l'une des plus brillantes étoiles, car personne n'a reflété plus que lui la lumière divine. Par sa vie, ses œuvres et sa foi joyeuse, il semble illuminer le centre même du cœur humain. Et il ne le fait nulle part mieux que dans sa tendre prière pour la paix.

Dans cette belle et pacifiante prière, il touche notre humanité la plus profonde et allume en nous une étincelle de divinité. Il trace clairement le chemin, et il rend vivantes les pierres elles-mêmes. Par ces quelques mots très simples, François nous donne de capter et de retenir en nous la rayonnante lumière de Dieu.

I

Seigneur, fais de moi
un instrument de ta paix

CE MATIN, j'ai été réveillé par le chant d'un oiseau. Un son cristallin qui semblait provenir de l'origine du monde.

Je suis allé à la fenêtre pour mieux écouter. L'oiseau a continué son hymne solitaire. Le vent s'était calmé ; la paix recouvrait tout. Il me semblait assister à l'aurore du temps.

Lentement, le jour s'est levé. La lumière éclaira la ligne de l'horizon, colorant les limites du ciel d'un bleu lavande. Le feuillage des arbres se balançait sous le souffle léger de la brise. Autour de moi, la vie se mit à bouger. Mais s'élevait toujours la voix de l'oiseau solitaire chantant pour célébrer le jour.

À mesure que s'intensifiait la lumière, d'autres sons se firent entendre. Le bruissement des branches, le jappement d'un chien, la fuite précipitée des petits animaux, les travaux journaliers des humains. Et alors que les bruits de la vie quotidienne s'amplifiaient dans le lever du jour, l'oiseau se tut. Il avait joué son rôle. Il cédait maintenant la place à d'autres voix plus fortes. Sa chanson se fondit dans la musique du matin.

Attitude franciscaine très proche du premier verset de la prière de François: «Seigneur, fais de moi un instrument de ta paix»! On aurait cru que l'oiseau offrait son propre cantique des créatures et j'avais le bonheur d'y assister.

Je me suis rappelé une comparaison que faisait un de mes professeurs. Dieu, disait-il, est comme une grande symphonie où chacun doit jouer sa partie. Personne ne peut jouer toute la partition, personne ne peut chanter toutes les voix ou tenir tous les instruments. Nous devons accepter les limites de l'instrument que nous avons reçu et prêter notre voix comme une partie de l'extraordinaire création qui est l'œuvre polyphonique de Dieu.

L'oiseau, dans la plénitude de son être, offrait sa voix dans cette création. Je me suis senti à la fois humble et émerveillé d'avoir pu l'entendre.

François, plus que tout autre saint, a compris ce qu'il y a de divin dans la musique. Il chantait sans cesse. Ses prières étaient de constants appels à

« chanter au Seigneur un chant nouveau » et des supplications à la terre de chanter sa louange au Seigneur. On racontait même qu'il s'arrêtait souvent au milieu de la route, prenait un bâton et imitait le jeu d'un violon tout en chantant. C'est comme si la prière était chanson pour François, et toute la vie, prière.

Imaginons un peu ce que pouvait être la musique au temps de François. Dans un monde dépourvu de machines, sans les bruits ambiants du monde moderne, et sans aucun moyen de capter les sons impalpables de la musique autrement qu'en les enregistrant dans sa mémoire à mesure qu'on les entendait, ce devait être en effet une chose merveilleuse d'entendre la vibration sonore et lancinante crée par le frottement ou le pincement des cordes. Un son qui s'élevait, comme un vol d'oiseaux, et qui planait au-dessus de la médiocrité, comme une voix céleste.

Que pouvait-il exister de plus sacré dans un tel monde qu'une œuvre créée par un habile artisan capable de produire de tels sons et de transformer une suite de vibrations sonores en mélodie ? Jouer d'un instrument de musique devait être une habileté divine. Et un tel instrument devait sûrement être un objet sacré.

Quand François demande de devenir un instrument de la paix de Dieu, il s'incline devant les capacités de Dieu comme créateur, musicien et grand compositeur, et il s'offre à devenir une voix ou un instrument par lequel la musique de Dieu pourra se faire entendre. Quand nous disons sa prière, nous demandons la même chose.

Alors que je traversais le Canada en train, j'ai fait un jour la rencontre d'une musicienne. C'était une violoniste qui, enfant, avait joué avec de grands orchestres symphoniques en Amérique et en Europe. Une enfant prodige, une de ces rares personnes dont le talent semble dépasser les capacités du commun des mortels.

Dans la jeune vingtaine, elle avait soudain abandonné le violon pour l'alto, le cousin à la voix plus profonde et à la renommée moins grande que l'instrument avec lequel elle avait déjà connu un si remarquable succès. Cela me semblait une étrange décision. Elle avait une carrière prometteuse comme violoniste ; le répertoire pour alto solo est limité ; et la partie des altos dans la plupart des œuvres symphoniques est beaucoup moins importante et complexe que celle des violons.

Pourquoi, lui ai-je demandé, avoir abandonné un instrument si coloré, si vibrant, si aimé des compositeurs et si respecté dans l'orchestre, en faveur d'un instrument comme l'alto, tranquille, retiré, et plutôt négligé. Sa réponse fut simple et directe. « J'aime sa voix, me dit-elle. Elle me ressemble davantage. »

Comme l'oiseau sifflant son chant solitaire pour saluer le matin, cette femme était heureuse de jouer simplement sa partie, puis de se retirer pendant que la musique était assumée par les instruments plus dramatiques et plus flamboyants de l'orchestre. Elle savait qu'il était plus important de jouer dans la plénitude de son être que de rechercher la gloire pour quelque chose qui ne venait pas de son cœur. Telle est la vérité que François veut nous enseigner.

La plupart d'entre nous n'avons pas une existence qui sort de l'ordinaire. Nous sommes rarement appelés à faire de grandes déclarations ou à accomplir des actes héroïques. Nous tombons en amour, nous élevons des enfants, nous éprouvons des déceptions, nous aidons dans la mesure du possible ceux qui en ont besoin. Nous nous couchons souvent sans savoir si nos actions ont porté fruit.

Mais quand François nous invite à prier pour être des instruments de la paix, il nous rappelle de jouer notre rôle dans la musique de la création, qu'il soit modeste ou prestigieux. Il nous rappelle que nous sommes peut-être simplement appelés à offrir un trille à l'aurore, ou à jouer des notes aux doux accents pour accompagner la musique brillante du violon. Si nous acceptons humblement notre partie comme un don et que nous jouons de notre mieux, nous aurons fait notre petite part pour aider à créer l'œuvre symphonique de Dieu.

Bientôt, cette belle prière nous demandera de tourner nos regards vers nos responsabilités comme intendants et intendantes de cette terre. Nous serons appelés à devenir semeurs et semeuses — d'amour, de bonté, de consolation, d'espérance. Mais pour l'heure, François nous rappelle que nous sommes la flûte par laquelle souffle, ou les cordes par lesquelles vibre le chant d'amour de Dieu. Il nous rappelle aussi que nos vies sont musique dans le cœur de Dieu.

2

Là où est la haine,
que je sème l'amour

À DIX-HUIT ANS, au sortir de l'école secondaire, j'ai travaillé pendant l'été comme gardien de parc dans un club de loisirs. Un vieil employé y travaillait depuis plusieurs années et il avait vu passer des douzaines de jeunes gens comme moi. Il m'observait d'un air perplexe lorsque j'entrais au travail le lundi matin, fripé et engourdi après une fin de semaine de bamboche et de nuits blanches. Il ne me jugeait pas, ne me réprimandait jamais. Mais chaque fois qu'il me voyait particulièrement fatigué et ébouriffé, il s'approchait de moi et murmurait : « Si tu permets au démon de monter à bord, bientôt il voudra se mettre au volant. »

C'était devenu la blague d'usage, une sorte de rituel. Au fond de moi cependant, je savais ce qu'il voulait dire. Ce simple avertissement m'a gardé sur le droit chemin plus efficacement que tous les sermons qu'on avait pu me servir.

Des années plus tard, alors que je travaillais dans une réserve indienne, j'ai reçu la même leçon d'une façon différente. Un des anciens de la communauté s'était chargé des jeunes en difficulté. Il les écoutait, les conseillait, leur racontait des légendes tirées de leur patrimoine, et tentait de leur enseigner un mode de vie conforme à leur tradition. Après un certain temps, s'il lui semblait avoir touché l'adolescent, il allait à la salle de séjour et décrochait un bâton en forme d'Y suspendu à un crochet.

Une des branches du bâton était peinte en rouge, l'autre en noir. Il saisissait le bâton par le manche et tournait la fourche vers le garçon. « Il y a deux routes dans la vie, disait-il, la rouge et la noire. La rouge est celle de l'entraide et du souci des autres ; la noire, celle de l'égoïsme et de la haine. La route rouge conduit à la vie et à la lumière. La route noire conduit à la mort et aux ténèbres. Tu dois choisir. » Et il ne retirait pas le bâton tant que l'adolescent n'avait pas saisi l'une des deux branches.

La plupart des jeunes choisissaient la branche rouge. « Bien, leur disait-il, maintenant, rappelez-vous ceci. Cette fourche est comme un carrefour : plus vous avancez dans une direction, plus vous vous éloignez de celle dont vous vous êtes détournés, Alors, partez et prenez le bon chemin. »

Comme le sage gardien de ma jeunesse, cet ancien connaissait l'un des grands secrets de la vie, et c'est le même secret qui se cache dans la profonde sagesse de la prière de saint François. Plus nous avançons sur un certain sentier de la vie, plus ce sentier nous façonne et transforme notre cœur et notre esprit. Si nous nous engageons sur le sentier de ténèbres, nous vivrons dans les ténèbres. Si nous nous engageons sur la route de la lumière, nous avancerons vers la lumière. C'est une loi fondamentale du cœur humain.

Quand François demande de semer l'amour là où est la haine, il fait appel à la même loi. Il ne s'agit pas ici de déployer toutes ses réserves d'amour mais de jeter des semences. Si nous plantons une graine d'amour, de pardon, de foi, d'espérance, de lumière ou de joie, elle poussera si nous en prenons soin et deviendra bientôt assez forte pour s'opposer aux forces contraires.

Cette première invocation est aussi un acte de foi. La haine est en effet la plus effrayante des émotions humaines. Elle est tenace et implacable. Elle détruit tout autour d'elle. Pour se maintenir, elle a besoin d'un objet à saccager. Demeurer près d'elle, c'est risquer qu'elle se retourne contre nous et tente de nous détruire aussi. Elle nous remplit d'angoisse, et la plupart d'entre nous, quand nous la rencontrons, n'avons qu'une idée : la fuir.

Mais François nous incite à tenir bon. Affrontez la haine avec amour, nous dit-il. La fuir, c'est permettre que le monde s'engage plus avant sur la route noire. Il faut croire que les graines que nous avons plantées dans le cœur de quelqu'un donneront du fruit.

Mais comment arriver à cela ? Notre amour est fragile, étriqué, intéressé. La haine semble sans mélange, active, puissante. Peut-être les grandes âmes — les Gandhi, les Mère Teresa, François d'Assise, Martin Luther King — ont-elles la force d'opposer l'amour à la haine. Mais la plupart d'entre nous sommes trop faibles pour cela, et notre amour, trop petit.

François connaît le cœur humain mieux que nous. Il sait que l'amour est plus puissant que la haine parce que la haine provient d'un centre vide. Elle se jette sur tout ce qui l'entoure, mais elle porte en son centre une solitude profonde ou une souffrance intense, ou une tristesse qui s'est tellement durcie qu'elle ne peut s'exprimer que dans la destruction de tout ce qui est bon, doux et aimant. L'amour, même le plus fragile des amours, peut dominer la haine, parce que le centre vide de la haine réclame silencieusement d'être rempli d'amour.

Chaque année, je redécouvre cette vérité au temps de Noël, quand je sors du placard mon habit de père Noël en velours rouge, couvre mon nez et mes joues de maquillage rosé, fixe ma barbe et ma perruque toutes blanches, et me promène dans les rues pour offrir la présence du père Noël à quiconque le désire.

Je ne sais jamais ce qui peut se produire. Je me suis retrouvé dans des maisons de retraite où des vieillards quittaient leur fauteuil roulant pour venir s'asseoir sur mes genoux. Des disputes de bars s'arrêtaient subitement dès que je passais la porte. J'ai entendu des handicapés mentaux se mettre à chanter en me voyant passer. Une mère m'a déjà arrêté sur la rue pour m'amener voir son enfant malade.

Blanc, Noir, Chinois, Indien, jeune, vieux, chrétien, juif — n'importe. Quand je suis le père Noël, il n'y a plus de barrières de race, d'âge, de fortune ou de religion. Car le père Noël représente le rêve et l'innocence de l'enfance et, quand je suis le père Noël, toute personne qui a conservé cette innocence dans son cœur s'approche de moi en toute confiance.

Je me souviens d'une occasion où, habillé en père Noël, je m'étais rendu dans un quartier particulièrement violent de la ville. Il s'agissait d'un grand ensemble de logements sociaux reconnus pour ses gangs et ses revendeurs de drogues, et dont les résidants vivaient dans la crainte derrière leurs portes et leurs fenêtres barricadées.

Je suis sorti de l'auto pour me diriger vers un centre communautaire situé un peu plus loin. Je garais toujours ma voiture à l'écart, parce qu'il me semblait inconvenant que des enfants voient le père Noël conduire une auto. Alors que je m'approchais, un groupe d'adolescents se sont mis à m'entourer et à me provoquer. Ce n'était pas un jeu, plutôt un sport dangereux. J'avais peur.

Bientôt, d'autres jeunes, dans la vingtaine ceux-là, s'approchèrent en auto. Ils étaient cinq ou six. Eux non plus ne m'inspiraient pas confiance. Quand ils comprirent ce qui se passait, ils se dirigèrent vers nous. Je m'attendais au pire et me voyais abandonné, ensanglanté, sur une rue sinistre.

À ma grande surprise, les jeunes gens s'en prirent aux adolescents. Le plus gros et le plus menaçant attrapa l'un d'eux par le collet et cria : « On ne fait pas de mal au père Noël!» Puis, se tournant vers moi: «Excusez-les, père Noël. Ce sont de petits crétins. Venez. Vous avez du travail à faire.»

Il me pilota dans le quartier et me conduisit dans des lieux où en temps ordinaire je n'aurais pas osé mettre les pieds. Je me rappelle encore le bruit des portes qui se déverrouillaient après que quelqu'un eut regardé par les fenêtres et vu que le père Noël était sur le seuil.

Bientôt, les gens sortirent dans la rue et les enfants se précipitèrent vers moi. Les adolescents, qui un moment avant me harcelaient, plaçaient maintenant les enfants en file, leur intimant de bien se conduire et d'attendre gentiment pour parler au père Noël.

Tous les habitants de ce quartier m'auraient dit que c'était un endroit dangereux, un repaire de drogués et de délinquants. Ce jour-là, les portes se sont ouvertes et tous pouvaient lire dans les cœurs déverrouillés des uns et des autres. Et ce n'est pas la haine qu'on y voyait mais l'amour.

On raconte qu'un disciple de François, le frère Angelo, gardien du couvent de Monte Casale, reçut un jour la visite de mendiants en qui il reconnut trois brigands qui terrorisaient la région en commettant les pires méfaits.

Le frère les reçut fort mal : « Non contents de dépouiller les honnêtes gens du fruit de leur labeur, leur dit-il, vous voulez encore vous approprier les pauvres ressources des serviteurs de Dieu ! » Puis il les renvoya en leur criant : « Vous ne méritez pas que la terre vous porte, car vous n'avez aucun respect ni pour les humains ni pour Dieu qui vous a créés. Allez-vous en, que je ne vous revoie plus ! »

Quand François rentra de sa quête, rapportant du pain et du vin, le gardien lui raconta comment il avait chassé ces gens-là. François le réprimanda sévèrement : « Tu t'es conduit avec cruauté, lui dit-il. On ramène plus facilement les pécheurs à Dieu par la douceur que par les injures. Le Christ, dont nous avons promis de pratiquer l'Évangile, n'a-t-il pas dit que ce sont les malades et non les bien-portants qui ont besoin du médecin, et que ce n'étaient pas les justes mais les coupables qu'il était venu appeler ? Aussi se plaisait-il à manger souvent avec eux. » Puis il exigea que le frère Angelo parte, avec du pain et du vin qu'il avait mendiés, à la recherche des trois hommes et qu'il s'excuse auprès d'eux de la façon dont il les avait traités.

Dans le récit, les criminels se repentent de leurs péchés et adoptent une vie de pénitence et de service du prochain. Dans nos vies, cela ne se produit pas toujours. En fait, la triste vérité est que cela semble se produire rarement. Le fait demeure pourtant que si nous nous occupons uniquement des bonnes gens, nous ne faisons pas vraiment l'œuvre de Dieu. Et si nous laissons les actes haineux d'autrui déterminer nos réactions à leur égard, nous devenons des miroirs de leur haine. Nous leur permettons de nous orienter sur la route noire où ils sont déjà engagés et de nous éloigner encore davantage de la voie de l'amour que nous savons être la voie de Dieu et la voie de la vie.

Il est facile de tourner le dos à la haine et de se draper dans sa probité, comme l'a fait le frère Angelo. Il est encore plus facile de ne s'intéresser qu'à ce qui est bon. Mais François, qui voyait la beauté et la lumière partout, nous convoque dès le début de sa prière à affronter la haine et à faire confiance à notre amour pour lui tenir tête.

Ce n'est pas un petit défi. Il exige de surmonter notre peur et de croire à la puissance de la bonté. Mais François n'aurait pas placé cette supplication au premier rang s'il ne l'avait pas considérée comme suprêmement importante. Il veut que nous ayons le courage de nos convictions. Il veut que nous prenions conscience que même en présence d'une réalité aussi terrible et destructrice que la haine, notre amour, tout faible et fragile qu'il soit, peut tout changer.

Rappelez-vous, nous signale-t-il, que l'amour est une disposition du cœur, une tournure d'esprit. Chaque jour, maintes fois et de maintes façons, nous sommes appelés à faire des choix qui nous orientent vers les forces de la nuit ou vers la lumière. Ce ne sont pas tous des choix de grande importance ; certains peuvent même paraître insignifiants. Mais chacun d'eux nous fait avancer un peu plus sur la route rouge ou la route noire.

Encourager quelqu'un à faire ne serait-ce que le plus petit choix en faveur de la bonté et de l'amour, c'est éclairer son cœur, c'est l'ensemencer d'amour. Sans qu'on le remarque, l'amour prend racine et commence à vivre.

Ce petit plant d'amour, encore au début de sa croissance, va continuer de grandir. Il deviendra une part de l'héritage que chacun emporte avec soi tout au long de la vie. Et alors, le miracle se produira peut-être. Bientôt, cet amour pourrait ne pas se contenter d'être un compagnon de voyage : il voudra se mettre au volant et conduire.

3

Là où est l'offense,
que je sème le pardon

J'AI EU L'OCCASION de converser avec un homme qui avait passé plusieurs années dans un pénitencier à sécurité maximale. Je lui ai demandé quelle était la leçon la plus importante qu'il avait apprise au cours de sa détention. Il m'a regardé tristement avant de laisser tomber : « Tu ne peux pas imaginer ce qu'il peut y avoir dans le cœur humain. Il existe vraiment une telle chose que le mal. » Ces quelques mots m'ont glacé. Et même si j'ai tendance à le nier, les événements qui se produisent chaque jour autour de nous semblent donner raison à cet ex-détenu.

Comment comprendre alors le commandement de François de pardonner l'offense ? Comment croire qu'il nous faut pardonner toute espèce de crimes, même les plus monstrueux ? Sommes-nous réellement appelés à atteindre ce haut niveau d'illumination spirituelle où nous accepterions les fautes du monde comme un effet de quelque dessein divin plus élevé encore? Ou ce commandement n'est-il que le vœu pieux de quelqu'un qui n'a jamais eu à faire face à des questions déchirantes telles que: comment réagir si un fou furieux pénètre dans votre maison et tue votre famille?

Ce sont des questions qui assaillent quiconque tente sincèrement de suivre le chemin de François dans un monde dur et cruel. Et les réponses faciles ne suffisent pas. J'ai cependant vécu une expérience qui m'a permis d'apercevoir ce que pourraient être ces réponses.

J'assistais un jour au procès d'un jeune homme accusé du meurtre d'une jeune fille qu'il avait remarquée sur la rue. Il ne la connaissait pas personnellement. Elle ne lui avait rien fait: son seul crime était d'être jeune et vivante et de s'être trouvée à la mauvaise place au mauvais moment. Un complice et lui l'avaient traînée dans les bois, il avait appuyé un pistolet dans son oreille et lui avait fait éclater le crâne.

Le procureur a décrit en détail les effroyables éléments du meurtre et a montré le sac rempli des vêtements souillés de sang de la jeune victime.

L'horreur était à peine soutenable. La plupart des gens dans la salle détournaient les yeux. Tout au long du procès cependant, le père de la victime demeura impassible, suivant les témoignages et les débats, observant le garçon. L'accusé fut reconnu coupable ; le père annonça alors qu'il le visiterait en prison afin d'en venir à le connaître.

Les gens étaient consternés. Pourquoi ? C'était incompréhensible. Le père restait inflexible. « Ce garçon et moi sommes à jamais liés, déclara-t-il. Nous avons besoin de nous connaître. Je ne sais pas si je pourrai lui pardonner. Mais peut-être qu'en arrivant à le connaître j'arriverai à ne pas le haïr. C'est une question de guérison et de réconciliation. »

À ce moment, l'intuition de François s'est éclairée pour moi. Entreprendre de pardonner, c'est rechercher la guérison et la réconciliation, ce n'est ni approuver ni accepter. Le père de la jeune fille assassinée ne pouvait d'aucune façon approuver ce que ce garçon avait fait. Il n'était même pas sûr qu'il pût jamais accepter cet atroce événement. Il pouvait par contre tenter de réconcilier deux hommes dont les vies brisées étaient liées pour toujours et de faire naître une lueur de compréhension et, espérons-le, un motif de croissance comme suite à cette douloureuse épreuve.

C'est une question terriblement difficile. La plupart d'entre nous n'aurions pas une telle force. Je sais que je n'ai pas cette grandeur d'âme. Je sais aussi, au plus profond de mon cœur, que ce père accablé de chagrin faisait le bon choix. Il essayait de faire progresser le monde à partir d'un événement horrible et de transformer une situation d'une cruauté inouïe en un moment de guérison et de croissance.

Une clé de compréhension nous est fournie dans l'étymologie latine du mot « offense » : *offensa*, dérivé de *offendo* : heurter, blesser, au sens physique ou moral. Une blessure implique la possibilité de guérison. Et guérir déborde la question de savoir qui a tort ou raison, ou même, ce qui est bien ou mal. Il s'agit de recouvrer la santé.

Considérer le pardon non seulement comme une absolution mais comme un effort de régénération du corps ou de l'esprit enlève à l'exhortation de François son caractère inaccessible ou irréaliste. Apprendre à pardonner apparaît comme le conseil le plus sage qui soit.

Le père de la jeune fille assassinée ne peut pas changer ce qui est arrivé. Il se tourmentera peut-être jusqu'à sa mort en se demandant si ce malheur n'aurait pas pu être évité. Mais il ne peut pas faire que ce malheur n'ait pas eu lieu. Ce que nous dit François, c'est que lorsque des événements incompréhensibles surviennent, notre réaction doit être de tendre vers la guérison. C'est la seule manière de nous libérer, de ne pas être pétrifiés par la rancœur, et de remplir ainsi nos responsabilités de cocréateurs de sens dans l'univers.

Rappelons-nous que François nous demande seulement de « semer ». Semer ne nous assure pas que la récolte sera abondante. Même si le père ne pardonne pas au meurtrier de sa fille, en tendant de se réconcilier et de guérir, il sème des germes de pardon. Peut-être cela arrivera-t-il. Peut-être pas. Il ne lui appartient pas de déterminer si les graines qu'il sème tomberont en terrain fertile. Voilà où intervient la foi dans la bonté et la miséricorde de Dieu. Et même s'il ne sera jamais à l'abri de l'amertume, il penche maintenant dans le sens de l'espérance.

Dans un passage bien connu du livre de l'Exode, selon l'ordre de Yahvé, Moïse et Aaron demandent à plusieurs reprises à Pharaon de laisser leur peuple quitter l'Égypte. Chaque fois, le roi refuse. Et à chaque refus, dit-on, le cœur de Pharaon s'endurcit. Le même endurcissement se produit en chacun de nous quand nous ne penchons pas vers la guérison. Chaque jour qui passe, chaque refus, chaque intention hostile affermissent notre rancœur et durcissent tout notre être. Si nous recherchons la guérison, il est vrai que la plaie risque de laisser une profonde cicatrice. Mais au moins la vie peut continuer. Une plaie mal soignée s'envenime et peut causer la mort.

Heureusement, la plupart d'entre nous, dans la vie de tous les jours, ne sommes pas confrontés à des blessures mortelles. Les blessures que nous causons et celles que nous subissons sont le plus souvent des manques d'égards ou des offenses sans gravité. C'est à notre capacité à pardonner à ceux qui nous blessent comme de nous pardonner lorsque nous blessons les autres que nous mesurons dans la vie quotidienne notre bienveillance et notre humanité.

Je pense souvent à la façon dont les Indiens Dakotah réagissaient aux manquements sans gravité. Quand, par exemple, un enfant passait entre un aîné et le feu — ce qui est une grave impolitesse dans leur culture — le jeune fautif disait simplement : « C'est une erreur. » Il s'agissait de reconnaître franchement son erreur ou sa maladresse, sans reproche ni humiliation. Tous les assistants acquiesçaient en inclinant la tête et la vie continuait.

Comme une telle attitude me semble saine. Nous commettons tous et toutes des erreurs de jugement et nous avons besoin d'être excusés. Si nous avions la possibilité de reconnaître simplement notre erreur et ensuite de poursuivre nos occupations, comme la vie serait plus simple et agréable. Et comme nos cœurs seraient en meilleure santé si nous considérions les blessures causées par les autres comme de simples erreurs d'êtres humains qui, comme nous, tâchent de se débrouiller du mieux qu'ils peuvent dans un monde complexe, parfois incompréhensible et souvent difficile.

Nos rapports avec les autres sont remplis de maladresses. Un mot mal choisi, une initiative inconsidérée — cela fait autant partie de notre vie qu'une délicate attention ou un geste aimant. Tous nous les commettons ; tous nous y goûtons. Notre tâche de tous les jours consiste à trouver le moyen de pardonner ces erreurs, à nous-mêmes et aux autres, sans nier ou minimiser le tort qui a pu être causé. Et si l'offense est tellement grande que nous n'arrivons pas à pardonner, au moins que nous puissions faire les premiers pas vers la guérison. Peut-être qu'avec le temps et la grâce de Dieu le pardon nous sera donné par surcroît.

4

Là où est le doute,
que je sème la foi

L'AUTRE JOUR, un jeune homme s'est présenté chez moi. Il paraissait sincère, intelligent, et il s'était donné une mission. Est-ce que je savais que Jésus était mon sauveur? Est-ce que je savais que Dieu avait un plan merveilleux pour ma vie?

Il était évident qu'il ne faisait pas cela depuis longtemps. Nerveux et peu sûr de lui, engoncé dans ses vêtements trop neufs, il avait l'air d'un jeune vendeur qui faisait ses première armes dans le porte-à-porte. D'une certaine façon, c'est ce qu'il faisait. Mais ce qu'il vendait, c'était sa vision de la vérité divine, et cela l'exaltait. Comme je l'écoutais et ne le rejetais pas, il prit de l'assurance. Aimerais-je parler de Jésus? Avais-je des doutes au sujet de ma vie? Est-ce que j'aimerais lire la Bible avec lui?

Je le trouvais sympathique. Dans un sens, je l'enviais. Il était vibrant de foi. Et même si manifestement il répondait à une obligation de son Église en frappant aux portes, il le faisait d'un cœur joyeux. Sa présence plus encore que ses paroles me troublait et me provoquait. N'est-ce pas ainsi que la foi doit se traduire? En ne proclamant pas ma foi, est-ce que je la garde sous le boisseau et que j'agis comme ceux, les tièdes, dont Jésus disait qu'il les vomirait de sa bouche?

Je ne veux pas être tiède. Je veux que ma foi soit source de lumière et de consolation pour les autres. Mais je ne peux pas, en conscience, l'imposer aux autres. J'ai vu trop de choses de par le monde pour croire en la suprématie de ma religion. Je préfère manifester par des actes ma croyance en Dieu plutôt que de la proclamer.

Pourtant les paroles de François me hantaient. Ne serait-il pas, lui, dans la rue à confesser sa foi, à prêcher, à provoquer les hésitants et les silencieux, les appelant à chanter bien fort la louange du Seigneur?

Peut-être. Mais nous vivons à une époque complexe. Trop de conflits ont été causés par une foi devenue idéologie, trop d'authentiques croyants se sont transformés en fanatiques. Nous savons que d'autres gens au cœur généreux et à la foi profonde ont, en d'autres temps et d'autres lieux, choisi des voies spirituelles différentes des nôtres. Cela semble un affront à la richesse de l'expérience humaine et même à la toute-puissance divine de supposer que la vérité qui nous a été donnée soit la seule qui puisse exister.

N'est-il pas présomptueux d'affirmer que notre voie est la seule voie? Plusieurs, comme ce jeune homme à ma porte, en sont convaincus. Ils considèrent toute voie autre que la leur comme un chemin de ténèbres, et ils croient du fond du cœur qu'ils ne doivent reculer devant rien pour amener les gens à adhérer à leur foi. Leur Dieu, croient-ils, l'exige.

Je ne peux pas partager leur conviction. J'ai vu le Juif pieux conduire son fils au temple; j'ai entendu l'Amérindienne enseigner à ses enfants les préceptes de l'amour en observant les animaux dans les bois. J'ai vu la profonde sérénité du bouddhiste se relevant humblement après une paisible méditation. Pour moi, Dieu a plusieurs visages et parle plusieurs langages. Je ne peux pas, dans mon intime conviction, penser que ces gens ne suivent pas une voie vers Dieu qui soit aussi respectable, aussi vraie que la mienne ou que celle du jeune homme qui a frappé à ma porte.

Comment alors répondre à l'exhortation de François de semer la foi là où il y a le doute si je ne suis pas prêt à affirmer l'universalité de ma foi et que je préfère m'incliner devant Dieu en privé plutôt que de chanter ses louanges dans une célébration publique ?

La réponse, je crois, se trouve dans les mots mêmes de François. Ce sont ceux qui doutent, et non ceux qui croient, qui ont besoin de foi. Refuser d'imposer sa foi aux autres ne signifie pas renoncer à semer la foi là où elle fait défaut. C'est à cette tâche que sont conviés les croyants.

Le doute fait partie de la condition humaine. Nous doutons de notre capacité d'être de bons parents, de bons enfants, de remplir toutes nos obligations. Nous ne restons pas immobiles pour autant. Nous avançons avec la confiance qui est la nôtre, progressant à pas hésitants, toujours tendus vers la lumière. Nous ne considérons pas ce patient labeur comme un acte de foi, mais seulement comme le cours normal de la vie.

Quand il s'agit de la foi en Dieu, c'est comme si nous ne croyions plus en la nécessité de l'effort. La foi devrait être une illumination transformante, pensons-nous, un ravissement. Nous voulons être comme Paul sur le chemin de Damas, renversé par une vision, par une vérité indubitable. C'est ainsi que nous concevons la foi : ce doit être tout ou rien.

La foi n'est pas toujours aussi spectaculaire. Elle n'est parfois qu'une lente élaboration — un édifice façonné pierre par pierre grâce au patient labeur du cœur et de l'esprit. J'ai passé quelque temps dans un monastère bénédictin à sculpter une œuvre pour l'abbaye. Les moines étaient des hommes bons et pieux, mais je me sentais malheureux de ce que je percevais comme de la dureté de cœur et un manque de compassion pour la souffrance humaine.

Ayant deviné mon désarroi, l'abbé me prit à part : « Restez dans la machine, me dit-il, elle va vous dépouiller. » Étrange commentaire, qui jurait avec sa manière habituelle de s'exprimer. Mais au cours des mois suivants, j'ai compris ce qu'il voulait dire. Je me suis imprégné de la spiritualité bénédictine et peu à peu j'ai saisi, même confusément, la grande lumière vers laquelle elle pouvait conduire.

Loin de manquer de compassion et d'empathie pour les pauvres et les souffrants, ces hommes avaient choisi de se désengager des préoccupations du monde pour se consacrer inlassablement à la tâche de prier pour leurs frères humains, riches et pauvres, vivants et décédés. « Il en est d'autres pour se consacrer aux besoins des corps, estimaient-ils. C'est notre mission spirituelle de nous préoccuper des besoins de l'âme. » À leur façon et avec une grande pureté de cœur, ils jouaient leur partie dans la grande symphonie de Dieu. Je n'étais tout simplement pas en harmonie avec la voix singulière de la spiritualité bénédictine.

Une fois la sculpture terminée, je quittai l'abbaye. La voie bénédictine n'était pas ma voie, mais comme un matelot qui longe la côte d'un pays fantastique, j'avais entrevu une vérité si grande et si bouleversante qu'elle dépassait l'imagination. Si j'étais resté au monastère, je ne crois pas que j'aurais vécu la métamorphose subite que j'associe à la conversion. Jour par jour, cependant, une ardeur aurait pénétré mon cœur et, avec le temps, elle aurait purifié et transformé tout mon être. Voilà ce qu'évoquait l'abbé—une transformation spirituelle, l'ouverture graduelle du cœur, grâce à un travail diligent et humble, jusqu'à la prise de conscience d'une vérité spirituelle plus profonde.

Telle est la voie que la plupart d'entre nous devons suivre pour atteindre la foi. C'est la même aventure spirituelle qu'entreprend l'hindou qui s'impose une longue et rigoureuse démarche vers l'illumination spirituelle par la pratique du yoga. C'est le même labeur spirituel auquel s'astreint le jeune Lakotah, année après année, en quête d'une vision, ou la mère Dakotah qui place son enfant sous un arbre pour qu'il écoute la musique des branches et apprenne la vie des oiseaux. Quoique la vision de Dieu que chacun atteint puisse être différente, leur méthode de développement spirituel est la même. Ils se mettent en route, tournent leur cœur vers la lumière, et font confiance à la vérité vers laquelle ils cheminent.

Au départ, chacune de ces démarches peut paraître illusoire ou chimérique. Il faut pourtant exclure le scepticisme pour pouvoir avancer dans la foi. Autrement, l'expérience paraît futile. Si nous persistons — si nous avons la foi — lentement, et avec un sentiment croissant d'intensité et de certitude intérieure, les activités spirituelles commencent à former notre conscience et à modeler notre esprit. Le scepticisme du début fait graduellement place à la lumière.

Voilà comment nous pouvons allumer la foi là où il y a le doute, même si notre foi n'est pas une flamme incandescente. Nous mettons à profit nos dons spirituels et nous les utilisons pour engager les autres sur leurs propres voies spirituelles. Ces dons sont variés. Ce peut être la détermination, la ferveur, l'attention vigilante, la compassion, l'intuition religieuse. Peut-être aimons-nous Jésus ou sommes-nous attachés à l'enseignement de Bouddha. Ou peut-être sommes-nous sensibles à la musique que fait le vent dans les arbres ?

Ces dons ne sont pas toujours éclatants, mais ils sont un point de départ pour un cheminement spirituel. Je réfléchis souvent à l'histoire touchante, rapportée dans les Évangiles, de cette femme qui souffrait de pertes de sang depuis douze ans. Elle s'était mêlée à une foule qui pressait Jésus pendant qu'il leur parlait. « Si seulement je peux toucher son vêtement, pensait-elle, je serai guérie. »

Tout doucement, elle se rapproche et touche la frange du manteau de Jésus. Aussitôt, elle se sentit guérie. Il avait suffi qu'elle touche les vêtements de Jésus pour être guérie de son infirmité. Jésus ne l'avait pas relevée, choisie et serrée contre lui. Elle n'avait pas été inondée de la lumière de la vérité. Elle s'était simplement approchée, avait frôlé Dieu comme elle avait pu et avait cru qu'elle serait rétablie dans son intégrité.

Nous devons parfois nous satisfaire de seulement toucher le manteau de Dieu — de frôler de grandes vérités grâce à nos dons spirituels, tout modestes qu'ils soient. Nous devons garder à l'esprit que la foi n'est pas la certitude objective. Si c'était le cas, il s'agirait de connaissance. La foi est un saut dans l'inconnaissable. C'est la capacité d'avancer avec confiance où ne se trouve pas de connaissance, de cheminer dans l'obscurité vers la lumière, bien que cette lumière soit ténue. Jésus lui-même, au moment de sa plus grande détresse, n'a-t-il pas clamé : « Mon Dieu, mon Dieu, pourquoi m'as-tu abandonné ? » Devons-nous alors trouver si intolérable notre propre doute ou celui des autres ?

Beaucoup plus de gens vivent dans le doute que dans quelque éclatante lumière de foi. Quand nous montrons aux autres que, nous aussi, nous sommes aux prises avec le doute mais que nous continuons avec confiance, nous les rejoignons dans leur incertitude et nous témoignons de la valeur de leur lutte. Nous les encourageons à saisir le manteau de Dieu à leur façon. Ce faisant, nous semons la foi aussi sûrement que si nous brûlions d'une foi vive, la proclamant avec conviction.

Tous et chacun, nous devons rendre témoignage de la lumière. Nourrir les affamés, réconforter les esseulés, visiter les malades, aider les égarés — quoi que ce soit que nous puissions faire pour accroître la bonté, voilà où commence notre témoignage. Parler de notre Dieu, manifester notre foi, laisser voir aux autres que, sans prétendre posséder la vérité absolue, nous avons dans le cœur une paix qui prend sa source dans la croyance en une vérité éternelle d'où nous venons et à laquelle nous retournerons. Montrer aux autres que notre foi accueille la leur et vient à sa rencontre avec respect.

Debout sur le pas de ma porte, le jeune homme m'apparut à la fois maladroit et fort de son zèle ardent, et je compris que ma foi n'avait pas à égaler sa ferveur mais qu'elle devait pouvoir l'accueillir. Peut-être se souviendra-t-il, lorsqu'il rencontrera quelqu'un dont la foi sera différente mais aussi vive que la sienne, de l'homme qui a accueilli son témoignage et, accueillera-t-il à son tour cette personne qui connaît Dieu sous un autre visage ou un nom différent.

Voilà, je crois, ce que François voudrait que je fasse. Dans ce monde où le scepticisme et l'incroyance sont devenus des signes d'intelligence et où les religions et confessions se côtoient et s'entrechoquent, mon désir d'accueillir une variété de croyances et de rester humble devant elles me semble une façon aussi valable de semer que toute profession de foi solennelle.

Même si François lui-même, tout brûlant d'une foi éclatante, aurait pu dans les mêmes circonstances danser et chanter bien haut son Dieu, il y a bien des demeures dans la maison du Père. Il ne renierait sûrement pas ceux et celles d'entre nous qui choisissent un témoignage plus discret et cherchent simplement à conduire les chancelants et les hésitants vers cette maison, peu importe par quelle porte ils choisissent d'y entrer.

5

Là où est le désespoir,
que je sème l'espérance

LE DÉSESPOIR est peut-être le plus grand crime contre l'esprit. Il crie au monde qu'il n'est pas assez bon pour vaincre les ténèbres qui obscurcissent le cœur humain. Il arrache à Dieu et à l'univers toute possibilité de rachat. Il abolit l'espérance.

Qui peut prévoir le moment où une profonde tristesse se transformera en désespoir et où le domaine du possible se rétrécira comme une peau de chagrin, nous laissant hébétés devant l'irrémédiable absurdité de l'existence ?

Quand le désespoir s'abat sur une personne, aucun argument, aucune consolation ne peuvent offrir un apaisement véritable. Aucun baume ne semble pouvoir calmer cette affliction suprême. Comment donc, alors, mettre de l'espoir où il y a le désespoir ?

Il y a de cela plusieurs années, alors que je vivais dans une petite ville d'Allemagne, j'ai éprouvé un pénible sentiment de solitude. Ne connaissant personne, ne pouvant m'exprimer dans ma langue, je m'enfonçais dans une tristesse qui semblait sans fond.

Un jour, cherchant à fuir mon malheur, je pris le train vers une ville où l'on projetait un film américain. J'espérais que d'entendre ma langue et de voir des images de mon pays me tirerait de ma torpeur. J'arrivai plusieurs heures avant le début du film. Je m'assis sur un banc au coin d'une rue et je regardai la ville se préparer pour la nuit. L'un après l'autre, les commerçants fermaient les volets, verrouillaient les portes et se hâtaient vers les autocars et les voitures qui les ramèneraient à la maison, à leur famille. Personne ne faisait attention à moi.

L'obscurité tomba sur les collines. Les lumières s'allumèrent au loin dans les maisons. Bientôt, la ville fut inanimée et déserte, et je me retrouvai seul avec mes sombres pensées. J'entendis tout à coup dans le lointain un étrange son étouffé. Je levai les yeux et vis un homme venir vers moi. Il portait un habit, mais sa chemise était sortie et sa cravate de travers. Il titubait et butait contre les édifices en marchant. Il était manifestement ivre. Et il sanglotait.

Pendant ces quelques mois passés en Allemagne, les ivrognes étaient devenus mes amis. Eux aussi étaient souvent seuls. Mon allemand hésitant ne les dérangeait pas, et dans ce pays où j'avais si peu de connaissances, ils m'avaient ouvert leur cœur tout grand.

Je souris à l'homme qui avançait vers moi en trébuchant. « *Guten Abend* », lui dis-je. Il me dévisagea, et son regard était d'une tristesse indescriptible. Les larmes roulaient sur ses joues. Je ne crois pas avoir jamais vu une expression aussi douloureuse sur un visage. Il recommença à sangloter et se cacha le visage. Tout son corps était secoué. Il semblait complètement défait.

« *Sitzen sie* », lui dis-je. Il répondit : « *Danke* » et faillit s'effondrer. Alors, dans le crépuscule, nous sommes restés assis, tâchant de trouver une langue dans laquelle communiquer. Mon allemand était rudimentaire mais praticable ; son anglais, bon mais presque oublié. Tant bien que mal, son histoire finit par sortir.

C'était un juge, très respecté dans la communauté. Ce matin-là, une fillette s'était précipitée devant sa voiture alors qu'il se rendait au travail. Il n'avait pas eu le temps de freiner. Il l'avait frappée, la tuant sur le coup.

Depuis, il errait comme un fou. « Je suis juge, disait-il. Juge. Comment est-ce possible ? » Comme si sa position sociale et sa respectabilité auraient dû le protéger d'un événement si horrible. Plus encore, il avait le sentiment d'avoir trahi la confiance de toute la communauté.

J'essayai de trouver les mots qui pourraient l'apaiser : ils n'étaient d'aucun secours. Il savait qu'il n'était pas responsable ; il savait qu'il s'agissait d'un accident. « Je la revois sans cesse devant moi, sanglotait-il. Pourquoi n'ai-je pas pu l'éviter ? » je tâchai à nouveau de dire des mots qui l'atteindraient, mais il m'arrêta. « Ne parlez pas, me dit-il. Je n'ai pas besoin de paroles. J'ai seulement besoin de sentir une présence. »

Je suis resté avec lui sur ce coin de rue jusque tard dans la nuit. Il ne voulait aller nulle part. Il ne voulait pas parler. De temps à autre, il prenait ma main ; puis il était de nouveau secoué par de grands sanglots. Si par discrétion je tentais de m'éloigner, il me retenait en saisissant ma main pour que je reste près de lui.

Cette nuit-là, j'ai appris quelque chose de profond au sujet du désespoir et de ce que signifie donner de l'espoir. C'est le réconfort de notre présence que réclame l'âme désespérée, ni plus, ni moins. Quand nous restons en silence près de quelqu'un de désespéré, nous veillons avec lui, nous nous associons à son épreuve. Comme Jésus à Gethsémani, l'être désespéré désire seulement que nous demeurions et veillions avec lui.

Le désespoir est une maladie de l'âme. Si l'âme désespérée doit guérir, elle le fera par elle-même. Mais nous pouvons être présent. Veiller avec un être désespéré, c'est refuser le néant où il veut plonger. Lui offrir notre présence, c'est affirmer une valeur qu'il n'éprouve pas, c'est témoigner d'une possibilité à laquelle il ne croit plus. C'est défier les ténèbres.

Pour aider quelqu'un à résister au désespoir, comme j'ai tenté de le faire cette nuit-là, notre statut social ou nos qualités personnelles importent peu. L'espérance que nous offrons est la simple présence d'un autre dont le cœur est moins enfoui dans les ténèbres, et qui refuse de cacher sa lumière.

Cela peut sembler un bien faible espoir. Mais contre un vrai désespoir, le seul remède est de tenir bon. Après tout, n'est-ce pas cela — la force de veiller — que Jésus a demandé à ses disciples au plus fort de la tristesse et de l'angoisse?

Demeurer avec quelqu'un à l'heure des ténèbres, c'est accomplir une action sacrée, et le cœur blessé saura le reconnaître. Par le témoignage silencieux de notre présence, nous disons : «Vous êtes un enfant de Dieu et vous comptez.» Cela suffit parfois à ranimer l'espérance.

6

Là où sont les ténèbres,
que je sème la lumière

Malgré la beauté de cette admirable prière, on y trouve un optimisme qui semble parfois exclure ceux et celles d'entre nous qui éprouvons dans nos vies des moments de profondes ténèbres.

« Là où se trouve la haine, que je sème l'amour. Là où se trouve la tristesse, que je sème la joie. » Voilà de beaux sentiments pour qui pense avoir quelque chose à donner. Mais vers quoi se tourner quand on se sent soi-même brisé, quand on ne sent aucun amour, quand on n'apporte aucune joie, quand ont est comme une coquille vide ? Quelle doit être notre prière alors ? Le psaume 23 avec ses paroles de consolation pour qui doit passer un « ravin de ténèbres », ou le cri désespéré de Jésus au jardin de Gethsémani ? La prière de saint François n'a-t-elle rien à nous dire dans ces moments-là ?

J'avais coutume de le penser. Je me détournais de cette prière dans les temps de tristesse ou d'angoisse. Je pensais que François était un de ces êtres joyeux créés par Dieu pour célébrer la vie, et que sa prière était destinée à guider ceux et celles qui se dirigeaient vers la lumière. Pour les autres dont la vie avait sombré dans le malheur, la prière ne signifiait rien. Quand la coupe de tristesse s'éloignerait de nous — si elle s'éloignait — nous pourrions revenir à François et à ses paroles d'espérance, et reprendre la tâche d'être un instrument de la paix divine. Dans l'affliction, les paroles de François ne semblaient offrir aucune consolation.

En vivant avec cette prière, j'en vins à penser autrement. J'ai découvert qu'elle recelait une sagesse particulière pour les heures de grandes douleurs. Et selon l'esprit de François, c'était une sagesse d'espérance plutôt que de consolation. Cette sagesse me frappa un matin, il y a vingt ans, sur une plage isolée du Mexique. Souffrant d'un chagrin d'amour et ne sachant pas quelle direction donner à ma vie, je m'étais rendu jusqu'à cet endroit solitaire et désolé pour laisser vaguer mes pensées et méditer sur les tristes perspectives de mes horizons intérieurs.

La plage formait un long croissant qui s'étendait dans une mer azurée. Un petit village était blotti sur ses bords. Ce n'était pas la sorte de village dont parlent les brochures touristiques, avec leurs maisons blanches et leurs marchés pittoresques. C'était un assemblage de cabanes et de hangars autour d'une petite place poussiéreuse dans un coin reculé du pays, loin des services et de ce que j'appellerais la civilisation. Des familles vivaient dans des bicoques faites de pièces d'autos abandonnées et de simples cartons; l'école la plus proche était à 150 kilomètres de là; le soir, des jeunes gens désœuvrés buvaient de la bière et attachaient des chiens au pare-chocs d'une vieille camionnette et les traînaient autour de la place jusqu'à ce qu'ils en crèvent.

Bien peu de touristes fréquentaient ces parages — parfois un pêcheur sportif ou un biologiste venu étudier la vie marine abondante le long de cette côte. J'avais choisi l'endroit au hasard sur la carte et je m'y étais rendu presque dans un geste de défi, parcourant les cent derniers kilomètres à travers le désert, surtout au pif, car la route n'était qu'un vague tracé dans le sable durci et les touffes de sauge.

Ce matin-là, en marchant autour de la petite baie, je remarquai un objet flottant dans l'eau. Je crus d'abord qu'il s'agissait d'un gros poisson rejeté sur le rivage ou d'une sorte de tortue marine. Mais après un examen plus approfondi, il s'avéra que c'était le corps d'un homme. Je sortis de sa poche une carte d'identité et je courus jusqu'au village pour en informer les autorités, s'il s'en trouvait. On m'indiqua une petite roulotte où un fonctionnaire local m'informa que je devrais demeurer sur les lieux jusqu'à ce que l'affaire soit tirée au clair.

Je me promenais au hasard dans la chaleur accablante, essayant de passer le temps. Je remarquai bientôt une femme, une Américaine, qui marchait nerveusement le long de la plage. Elle cherchait son père qui avait grandi dans ce village et qui était revenu pour le visiter. Il était sorti la veille pour jouer aux cartes avec quelques hommes du village et elle ne l'avait pas revu depuis. Je l'ai fait asseoir et lui ai raconté ce qui venait d'arriver. Lorsque j'ai révélé le nom qui apparaissait sur la carte d'identité, elle a poussé un gémissement désespéré et caché son visage dans ses mains.

Je restai assis près d'elle. De l'autre côté de la baie, je pouvais apercevoir le sombre tas dans l'eau et la sentinelle qui surveillait en attendant que des personnes autorisées arrivent de Ensenada, à plusieurs centaines de kilomètres de distance.

C'était une scène horrible, surréaliste, imprimée à jamais dans ma mémoire. Mais c'est une scène qui m'a appris une importante leçon. Car même si je me sentais vidé et démuni, l'expérience de toute une vie — les années passées à assister mon père qui devait conseiller des victimes de désastres, ma formation au séminaire qui m'avait préparé à répondre aux besoins spirituels, mon aisance dans des situations d'isolement, et même le désarroi dans lequel je me trouvais à ce moment, le simple fait enfin d'être américain — tout cela faisait de moi la bonne personne pour offrir un peu de réconfort à cette pauvre femme et à sa famille.

Au cours des jours suivants, je passai tout mon temps à leurs côtés, témoin silencieux de leur deuil ou faisant ce qu'il fallait pour les aider à surmonter cette épreuve. J'ai mangé et dormi très peu ; je n'ai pas pensé à moi ou à mon malheur. Pendant ce court laps de temps, je suis sorti de moi-même, vivant dans le moment présent, puisant dans des réserves insoupçonnées, sans réfléchir à la signification de mes actes ou au bien que je pouvais faire.

Par la suite, les autorités remirent le corps à la famille et je suivis le cortège funèbre précédé par un vieux corbillard mexicain qui traversa lentement les montagnes arides et les arroyos jusqu'à la ville de Ensenada. Là, la morgue locale se chargea de l'envoi du corps du père chez lui aux États-Unis.

Quand l'épreuve fut finalement terminée — quand tous les fonctionnaires furent payés, tous les papiers signés, et que nous avons franchi la frontière en toute sûreté — la femme s'est approchée et m'a serré dans ses bras comme si j'étais son dernier lien avec la vie elle-même. «Merci de nous avoir aidés à retourner chez nous», dit-elle doucement. Puis elle disparut.

Je ne l'ai jamais revue. Je ne sais pas son nom. Je ne sais pas quand, ni comment, ni où son père a été enterré. Je sais seulement que, pour un bref moment, j'ai été appelé à apporter de la lumière dans une grande obscurité, et que je l'ai fait. Pendant ce temps, les ténèbres de mon propre cœur comptèrent pour rien. J'étais vraiment un instrument de paix, et pour cela je me sentirai toujours reconnaissant et privilégié.

Le souvenir de cet événement ne m'a jamais quitté, non seulement à cause de la scène très dure qu'il évoque mais aussi à cause de la force spirituelle que j'ai pu trouver en moi alors que j'étais certain d'en être dépourvu. En fait, la petite lueur qui me restait est devenue un phare dans la vie de quelqu'un d'autre.

Voilà le réconfort que la prière de François peut offrir à ceux et celles qui doivent passer «un ravin de ténèbres». Il ne nous appelle pas à être la lumière, seulement à donner de la lumière. Nous ne sommes pas «la voie, le vérité et la vie», et on ne nous demande pas de l'être. Nous ne sommes qu'une petite lampe qui ne doit pas rester en quelque endroit caché ou sous le boisseau. Notre tâche consiste à être aussi lumineux que nous le pouvons dans l'obscurité qui nous entoure.

Et ne nous y trompons pas : nous sommes entourés de ténèbres. Même si des actes de bonté s'accomplissent partout et que des gens compatissants agissent encore avec désintéressement, il y a toujours des enfants qui meurent de faim, des innocents qui sont victimes de crimes affreux et des vieillards oubliés dans les hospices. Qu'on le veuille ou non, des familles continueront de perdre des êtres chers de façon cruelle. Refuser de reconnaître la souffrance, c'est nier la complexité du monde.

Le génie spirituel de François et la source de sa sagesse, c'est d'avoir reconnu cette souffrance. Lui-même la connaissait trop bien. Le réconfort de la vie familiale lui manquait parfois durement. Les rues où il marchait étaient remplies de mendiants et des lépreux. Ses frères avaient été emprisonnés, battus pour avoir prêché en Allemagne. Lui-même fut traité avec mépris lorsqu'il tenta d'avertir les dirigeants des croisades des massacres à venir et il ne put que pleurer amèrement lorsque ses moines lui annoncèrent le meurtre de quatre mille hommes qu'il n'avait pu empêcher. Pourtant, malgré tout, il ne perdit jamais confiance dans la capacité de chacun de faire le bien.

« Répandez la lumière dans les ténèbres », disait-il, et il allait par le monde pour donner la lumière qu'il pouvait offrir. Car il savait que la moindre lueur, chaque petit geste est utile, et qu'il ne nous appartient pas d'en apprécier la valeur.

Je pense souvent à un petit fait survenu l'année dernière à l'école de mon fils. J'étais passé pour rencontrer l'institutrice, une femme bonne et attentive, et nous échangions quelques mots alors qu'elle s'apprêtait à partir après une journée fatigante. Au bout du couloir, une petite fille semblait l'attendre. Elle n'était pas aussi bien habillée que les autres et son regard était triste. C'est une enfant à part.

Nous nous sommes approchés et l'institutrice, sentant la gêne de la fillette, me fit signe de m'en aller. Elle s'est penchée vers l'enfant et a commencé à lui parler gentiment.

Avant de sortir, je me retournai pour voir ce qui se passait. L'institutrice avait posé la main sur l'épaule de l'enfant et toutes deux se dirigeaient tranquillement vers la classe. La fillette parlait avec animation et l'institutrice hochait la tête comme s'il n'y avait rien d'autre au monde que cette enfant et les confidences qu'elle lui faisait.

Très probablement, cette femme compatissante rentra chez elle ce soir-là sans penser qu'elle avait accompli quelque chose d'important. À ses yeux, ce geste n'avait rien d'extraordinaire : elle n'avait fait que son travail. Et la connaissant comme je la connaissais, elle se reprochait peut-être de n'avoir pas été assez présente à cette enfant, de s'être montrée fatiguée ou préoccupée. Elle s'est peut-être même couchée ce soir-là avec l'impression d'avoir manqué à ses responsabilités.

Mais qui peut savoir si les quelques instants passés à rassurer cette enfant n'ont pas été d'une portée aussi grande que le temps passé à réconforter cette famille éprouvée sur la plage mexicaine ? Qui sait si la tendresse donnée à cette petite fille n'a pas changé à jamais sa vie et de ce fait retenti sur la vie de tous ses proches?

L'univers est un organisme mystérieux. Nos actions se répercutent sur les autres d'une façon insoupçonnée. Nous ne sommes pas plus en mesure d'évaluer la portée de nos gestes que de juger du mérite de ceux et celles qui en reçoivent les effets.

Nous avons tendance à surestimer l'importance des moments décisifs de notre existence et à minimiser l'action bienfaisante d'une foule de petits faits qui sont le lot de la vie quotidienne. Je serai toujours reconnaissant de cette occasion de service désintéressé qui m'a été donnée un certain matin au Mexique. Mais mon véritable héritage spirituel consiste peut-être en un mot, gentil ou désagréable, que j'ai lancé au hasard d'une conversation avec une personne que je ne reverrai jamais, ou dans un moment que j'ai passé, ou refusé de passer, avec un enfant esseulé. Après tout, ce sont les petits et les oubliés qui ont le plus besoin d'espoir et de bonté. C'est peut-être dans les moments les plus ordinaires de notre vie que nous faisons le plus de bien.

Nous ne sommes pas des saints ni des héros. Le feu qui flambe dans notre foyer manque parfois d'ardeur. Mais pour la personne perdue dans les ténèbres, notre petite flamme peut être un signe de salut. Nous ne pouvons pas savoir qui est perdu dans les ténèbres et nous ignorons de même si notre lumière est visible. Nous savons seulement que la plus faible lueur suffit à vaincre l'obscurité la plus noire. Un marin perdu en mer peut être guidé vers le rivage par une simple chandelle. Une personne perdue dans un bois peut se retrouver grâce à une lumière tremblante. Ce n'est pas une question d'intensité. Il s'agit d'émettre de la lumière.

La belle prière de François nous rappelle que nous avons tous et toutes de la lumière à donner, même faible et vacillante, et elle nous invite à agir comme si notre lumière comptait. Peut-être, nous dit-elle, notre lumière fera-t-elle la différence. Peut-être dissipera-t-elle le chagrin d'une petite fille. Peut-être même aidera-t-elle un étranger à retourner chez lui.

7

Là où est la tristesse,
que je sème la joie

IL FUT UN TEMPS, il y a de cela une vingtaine d'années, où je conduisais un taxi pour gagner ma vie. Une vie de cowboy, de joueur, idéale pour quelqu'un qui ne voulait pas de patron mais cherchait le mouvement perpétuel et cette sensation de coup de dés chaque fois qu'un passager montait dans le taxi.

Je n'avais toutefois pas prévu, en choisissant ce métier, que c'était aussi un ministère. Comme je travaillais de nuit, mon taxi était devenu un confessionnal mobile. Les passagers entraient, s'asseyaient derrière moi dans l'obscurité et l'anonymat total, et me racontaient leur vie. Nous étions comme des étrangers dans un train fonçant dans la nuit, nous révélant des choses intimes que nous n'aurions jamais songé à partager dans la lumière du jour.

Durant toutes ces heures, j'ai rencontré des gens dont les histoires m'ont étonné, édifié, amusé ou attristé. Aucune ne m'a touché autant que celle d'une femme que j'ai ramassée avant l'aube, par une chaude nuit du mois d'août.

L'appel venait d'un quartier modeste mais plutôt tranquille. J'imaginais que j'aurais affaire à un fêtard, ou à un type qui s'était disputé avec son amante, ou encore à une ouvrière se rendant à l'usine.

À l'adresse en question, un édifice de quatre étages, une seule fenêtre était éclairée au rez-de-chaussée. Dans ces circonstances, la plupart des conducteurs de taxi klaxonneraient une ou deux fois, attendraient quelques instants, puis s'en iraient. Trop de surprises désagréables attendaient un chauffeur qui se présentait à un édifice complètement sombre à trois heures du matin. Mais j'avais vu trop de gens pour qui le taxi était le seul moyen de transport. À moins de flairer le danger, j'allais toujours chercher mon passager. Je me disais que ce pouvait être quelqu'un qui avait besoin d'aide. Est-ce que je ne voudrais pas qu'un chauffeur fasse la même chose pour des parents ou des proches ? Je me rendis donc à la porte et frappai.

« Attendez un instant », me répondit une voix frêle et âgée. Je pouvais entendre le bruit d'un objet qu'on glissait sur le plancher. Après un long moment, la porte s'est ouverte. Devant moi se tenait une toute petite femme d'à peu près quatre-vingt ans. Elle portait une robe fleurie et un petit chapeau rond auquel était fixée une voilette, comme on pourrait en voir dans la boutique d'un costumier ou une friperie, ou dans un film des années 1940. À côté d'elle, le sac de voyage en nylon qu'elle avait dû tirer sur le plancher.

L'appartement avait l'air de n'avoir pas été habité depuis des années. Tous les meubles étaient couverts de draps. Aucune horloge sur les murs, aucun bibelot ni ustensile sur les comptoirs. Dans un coin de la pièce, une boîte de carton remplie de photos et de verreries.

— Porteriez-vous mon sac dans la voiture, dit-elle. J'aimerais rester quelques moments seule. Puis si vous pouviez revenir m'aider. Je ne suis pas bien forte.

J'ai apporté le sac dans le taxi et je suis retourné pour l'aider. Elle a pris mon bras et nous avons marché lentement vers le trottoir. Elle me remerciait avec insistance.

— Ce n'est rien, lui dis-je. J'essaie simplement de traiter mes passagers comme j'aimerais qu'on traite ma mère ou mon père.

— Ah! vous êtes un bon garçon.

Ses compliments et ses remerciements m'embarrassaient presque. Une fois dans le taxi, elle me donna une adresse, puis demanda: «Pourriez-vous passer par le centre-ville?»

— Ce n'est pas le chemin le plus court, lui répliquai-je.

— Oh! ça ne fait rien. Je ne suis pas pressée. Je m'en vais dans un foyer.

Je jetai un coup d'œil dans le rétroviseur. Ses yeux brillaient de larmes.

— Je n'ai plus de famille. Le docteur m'a conseillé d'y aller. Il prétend que je n'en ai plus pour longtemps.

Je me penchai discrètement pour fermer le compteur. «Quel chemin aimeriez-vous que nous prenions?» ai-je demandé.

Pendant les deux heures suivantes, nous nous sommes promenés dans la ville. Elle m'a montré l'édifice où elle avait travaillé comme opératrice d'ascenseur. Nous avons visité le quartier où son mari et elle avaient vécu après leur mariage. Elle a voulu s'arrêter devant un entrepôt de meubles qui avait été jadis une salle de danse qu'elle avait fréquentée dans sa jeunesse. Parfois, elle me demandait de ralentir devant un édifice ou à un coin de rue, et restait à les considérer sans rien dire.

Alors que les premiers rayons du soleil perçaient l'horizon, elle dit tout à coup : « Je suis fatiguée. Allons-y maintenant. »

Nous nous sommes rendus en silence à l'adresse qu'elle m'avait donnée. C'était un édifice assez bas, comme un petit foyer pour convalescents, avec une entrée pavée qui conduisait à un portique. Deux préposés vinrent à la voiture dès notre arrivée. Sans m'attendre, ils ouvrirent la porte et s'empressèrent autour d'elle. Ils étaient pleins de sollicitude et d'attention, surveillant ses moindres mouvements. Ils devaient l'attendre ; peut-être avait-elle téléphoné avant de partir.

J'ai ouvert le coffre et apporté le sac à l'entrée. La vieille dame était déjà assise dans un fauteuil roulant. « Combien est-ce que je vous dois ? » demanda-t-elle en ouvrant son sac à main.

— Rien, lui ai-je répondu.

— Vous devez gagner votre vie, a-t-elle rétorqué.

— Il y a d'autres passagers.

Et sans réfléchir, je me suis penché et je l'ai embrassée. Elle m'a serré bien fort. «Vous avez donné à une vieille femme un petit moment de joie, dit-elle. Merci.»

Il n'y avait rien à ajouter. J'ai serré sa main furtivement, et je suis parti dans la faible lumière du matin. Derrière moi, j'ai entendu une porte se fermer. C'était le son de la fermeture d'une vie.

Je n'ai accepté aucun autre passager pendant ce quart de travail. J'ai conduit au hasard, perdu dans mes pensées. Tout le reste de la journée, je pouvais à peine parler. Que serait-il arrivé si cette femme était tombée sur un chauffeur fâché ou agressif ou pressé de finir son quart ? Et s'il avait refusé de répondre à l'appel ou s'il avait klaxonné une fois, puis s'en était allé ? Et si moi j'avais été de mauvaise humeur et que j'avais refusé de causer avec elle ? Combien d'occasions semblables avais-je perdues ou gâchées ?

Nous sommes si conditionnés à penser que nos vies tournent autour de grands moments. Mais les grands moments nous arrivent souvent à l'improviste. Quand cette femme m'a embrassé et m'a dit que je lui avait donné un moment de joie, on aurait pu croire que j'étais venu au monde pour cette seule raison : lui offrir ce dernier tour de voiture. Je ne pense pas avoir rien fait de plus important dans ma vie.

Quand François nous dit de mettre la joie là où il y a la tristesse, cela peut sembler disproportionné. Donner un peu de réconfort, passe encore, mais mettre la joie, n'est-ce pas trop demander ?

La tristesse est comme un lieu désert enseveli sous une brume de mélancolie. Le cœur qui y pénètre devient prisonnier de ce morne isolement. Lorsque nous sommes dans cet état, les tentations de réconfort, même de nos amis, semblent vaines. Leur sympathie nous touche sans nous atteindre vraiment.

Quand, de façon souvent inattendue, quelqu'un réussit à faire une brèche dans ce mur de mélancolie, c'est comme si un rayon de soleil traversait la brume et nous atteignait de plein cœur. Nous savons, alors, que nous sommes vivants et que notre mal est guérissable. Plus qu'une simple consolation, ce geste qui nous relie de nouveau à la famille humaine est une source de joie véritable.

Comment savoir ce qui déclenchera cette réconciliation ? Est-ce que ce sera un mot aimable ? Un bouquet de fleurs ? Une promenade ou une conversation? Ou peut-être une ballade en ville dans un taxi? Presque toujours, c'est une petite chose. Ceux et celles qui sont plongés dans une profonde tristesse ont renoncé aux grands efforts. Mais ils toléreront les petites interventions. Et même si ces petits gestes semblent peu de chose pour qui les fait, ils peuvent accomplir des miracles.

Dans toute la chrétienté, François est sans doute le plus grand promoteur de la joie. Il a compris, mieux que quiconque, son pouvoir de guérison des cœurs. Quand il nous appelle à mettre la joie où il y a la tristesse, il nous rappelle que la tristesse est une prison pour qui en est atteint. Il peut sembler que la meilleure façon de l'aider soit d'entrer dans sa prison pour partager sa tristesse. En fait, la meilleure façon, c'est peut-être d'ouvrir la porte et de laisser pénétrer la lumière.

Normalement, j'aurais pu m'asseoir un moment avec cette femme, qui littéralement s'apprêtait à mourir. J'aurais pu sympathiser avec elle et tenter d'alléger sa solitude. Cela aurait été un bon geste. Mais comme j'étais au travail, je ne pouvais pas prendre sa solitude trop à cœur et y entrer en quelque sorte. Je pouvais la reconnaître et l'accueillir, tout en restant présent au monde extérieur. Je ne le savais pas alors, mais je faisais précisément ce que François conseille. C'est seulement lorsqu'elle m'a embrassé et qu'elle m'a glissé quelques mots poignants que j'ai commencé à comprendre.

Consoler n'est que le premier pas qui conduit à la guérison. Ne l'oublions pas. C'est une façon à notre portée de partager, ou tout au moins, de reconnaître la tristesse de l'autre. Mais la guérison véritable n'est réalisée que lorsque la personne est libérée de sa tristesse et recommence à vivre pleinement.

Pour marcher dans les pas de François, il faut viser, au-delà de la consolation, la joie, et chercher les petits gestes inattendus qui peuvent la susciter. Nous n'avons pas toujours la bonne manière ; parfois nous ratons complètement la cible. Mais quand nous réussissons à trouver le trait, l'expression, le ton juste, nous devenons alors de véritables artistes spirituels : nous créons la joie, et nous aidons l'autre à faire éclater son chant.

8

Ô Seigneur

Il y a plusieurs années, j'assistais à un mariage où les époux avaient choisi la prière de saint François comme lecture. L'auditoire avait été invité à se joindre à la récitation de la prière comme une façon de partager et d'être témoin de leur union. J'étais assis à côté d'un vieil ami dont la vie spirituelle est intense mais qui ne professe aucune foi particulière. Il s'est joint bien volontiers à la prière, comme nous tous. À la fin, il s'est tourné vers moi en chuchotant : « Si seulement il n'y avait pas tant de "Seigneur" et de "Dieu tout-puissant". »

J'ai compris ce qu'il voulait dire, je lui ai même fait sentir que je partageais en partie son point de vue. Il y a quelque chose de si féodal, de si ouvertement hiérarchique, archaïque et « viril » dans tous ces termes.

Pourtant, je n'ai pas répondu à son commentaire. Après tout, me disais-je, ce n'est pas la façon de s'adresser à Dieu qui compte dans cette prière ; c'est son esprit et le soutien spirituel qu'elle procure. Mais je n'arrivais pas à me débarrasser d'un certain malaise après cette remarque de mon ami. Cela me rappelait une expérience d'enfance et la dure vérité qu'elle m'a apprise, et que je n'ai jamais oubliée.

J'avais une dizaine d'années et je commençais à peine à sortir de l'innocence de l'enfance. Je me suis réveillé très tôt un beau matin d'été et me suis précipité au salon où mon père lisait le journal. Aussi loin que je pouvais me rappeler, mon père se levait avant tout le monde, se préparait un pot de café et s'installait sur le canapé pour lire le journal du matin. Depuis l'âge de huit ans, je partageais ce rite avec lui.

Il finissait la lecture d'une section et me la passait. Je m'étendais sur le tapis du salon, le menton appuyé sur mes mains, et nous lisions en silence jusqu'à ce qu'il parte pour le travail. J'aimais bien ce temps passé ensemble. Les deux hommes de la famille partageant un moment d'intimité silencieuse. Je me sentais tout fier, je me sentais un homme.

Ce matin-là, quelque chose d'étrange se produisit. Je bondis dans l'escalier comme d'habitude. Et, comme d'habitude, mon père lisait le journal, bien installé sur le canapé du salon. «Bonjour, fiston», me dit-il en me tendant la section des sports. Je commençai à répondre comme toujours : «Salut…» Mais le mot suivant ne réussit pas à sortir. J'avais toujours appelé mon père «Papy», mais cette fois le mot resta pris dans ma gorge. Cela était devenu gênant, infantile.

Toute ma vie jusqu'à ce jour, j'avais tout naturellement appelé mon père «Papy». Tout à coup, comme en un éclair de lucidité, tout avait changé. Là devant moi, me souriant avec l'amour d'un père, se tenait un homme pour qui je n'avais plus de nom. Si mon père le remarqua, il ne le releva pas. Je pris le journal, et nous avons lu ensemble jusqu'à ce qu'il quitte pour le travail. Tout semblait parfaitement normal. Mais, au-dedans, j'avais le cœur brisé.

La même chose s'est produite le lendemain et le surlendemain. Chaque jour je me tourmentais à propos de ma conduite. Je maudissais le choix que j'avais fait tout petit d'utiliser cette appellation. Pourquoi n'avais-je pas fait comme la plupart de mes amis et appelé mon père « papa » ? C'était un nom qui avait du tonus, un nom qui ne deviendrait pas trop puéril. J'avais grandi en appelant mon père « Papy », et à dix ans je me trouvais piégé par une enfance que je n'arrivais pas à dépasser.

Je suis sûr que j'aurais pu aller demander à mon père comment il préférait que je l'appelle et qu'il m'aurait répondu : « Mais comme tu veux. » Je suis sûr que j'aurais pu changer ma façon de l'appeler et qu'il aurait souri intérieurement de mes efforts pour établir avec lui une relation plus adulte. Je n'ai fait ni l'un ni l'autre. Plutôt, j'ai cessé de lui donner quelque nom que ce soit et j'ai essayé de trouver des tournures qui m'évitaient d'avoir à le nommer.

En apparence, rien n'avait changé. Nous faisions les mêmes choses ensemble ; nous nous parlions de la même façon. Sans le savoir cependant, lors de cette prise de conscience à l'âge de dix ans, quelque chose a changé dans notre relation. À ce moment, d'une façon fondamentale, j'ai perdu mon père.

Au fil des ans, j'ai trouvé différentes façons de m'adresser à lui — des expressions plus formelles comme « Père » ou plus amusantes comme « Pop »

— mais je n'ai jamais pu retrouver la relation intime que j'avais avec lui lorsqu'il était « mon papy ». Quelque part dans ce nom, dans la nature de cette désignation, il se trouvait une vérité qui, une fois perdue, n'a jamais pu être retrouvée.

Ceux d'entre nous qui sont devenus mal à l'aise d'appeler Dieu « Seigneur » ou « Père » font face à un dilemme semblable. Un jour, nous nous sentons mal à l'aise avec le nom de Dieu que nous avons appris. « Dieu » semble trop formel, trop distant. « Père » reste pris dans la gorge, surtout si l'idée d'un Dieu mâle, ou même appartenant à un genre, quel qu'il soit, nous rebute.

Nous faisons l'expérience d'autres noms — Grand Esprit, Mystère infini, Gaïa, Être suprême. Ils semblent tous aussi insatisfaisants les uns que les autres. Ils sont tous ou trop forcés ou trop métaphysiques, ou trop vagues ou trop n'importe quoi. Ils sont peut-être plus inclusifs, mais ils sont moins intimes. Nous avons perdu le nom de Dieu et n'avons rien trouvé pour le remplacer.

Graduellement, comme un garçon de dix ans mal à l'aise avec le nom qu'on lui a appris pour désigner son père, nous nous éloignons de toute forme d'appellation directe pour nous adresser à Dieu et nous tentons de poursuivre notre relation avec lui sans cette intimité délicieuse qui vient de pouvoir s'adresser à lui par son nom.

Cela peut sembler peu de chose. Mais ce que nous avons perdu est plus précieux que tout. Car plus nous nous éloignons de l'intimité et de la proximité d'une relation d'amitié personnelle avec Dieu, plus nous le réduisons à un simple principe philosophique. Et en réduisant Dieu à un principe philosophique, de quelque façon indéfinissable, nous perdons Dieu.

Sans doute existe-t-il des traditions qui affirment que nous devons dépasser les limites de l'esprit humain et ne pas donner à Dieu quelque forme. L'expérience de Dieu est si extraordinaire, si inexplicable, qu'on ne peut le nommer ; en fait, elle dépasse toute pensée et toute compréhension. Mais est-ce qu'un Dieu qui est au-delà de toute connaissance, maître absolu de l'existence, qui surpasse les étoiles et le vent et dépasse les frontières de nos rêves, ne serait pas aussi capable d'une inconcevable intimité ?

Le réceptacle spirituel que nous créons pour y recevoir Dieu déterminera la forme de Dieu dont nous ferons l'expérience. Si nous voulons éprouver Dieu comme une puissance aimante, attentive et active dans le monde

— quelqu'un qui connaît nos amours et nos peurs et nos doutes et nos rêves — il faut que nous puissions l'appeler par son nom.

Que nous l'admettions ou non, nommer constitue un pouvoir. C'est en le nommant que nous connaissons le monde autour de nous et que nous donnons une forme à l'immense variété de nos expériences. C'est notre façon de définir, de reconnaître, d'établir un lien entre nous et ce que nous avons nommé. Si nous n'avons aucun nom pour Dieu, quelque inadéquat qu'il puisse être, nous n'avons pas de langage pour nous approcher de Dieu comme d'un Être aimant et accessible.

Un jour dans un sermon, un prêtre nous a dit que lorsque Jésus se servait du mot « Abba » pour s'adresser à Dieu, comme il l'a fait dans le Notre Père et dans son cri de détresse sur la croix, il ne disait pas « Père », mais bien « Papa ». D'abord, cela m'a déplu. C'était là, pensais-je, le discours d'un prêcheur soucieux de plaire à son auditoire. Surtout cela allait à l'encontre du sentiment de distance et de respect que m'avait inculqué ma formation religieuse. Dieu était notre « Père », et considérer Dieu comme notre « Papa » semblait bizarre. Je ressentis tout de même une certaine jubilation à l'idée d'une telle proximité. Et quand j'ai appris plus tard que le prêtre avait raison, mon cœur s'est ouvert à ce désir d'intimité avec Dieu qui ne m'a jamais quitté.

La plupart d'entre nous désirons cette intimité. Nous désirons que Dieu soit présent dans nos vies, et que nos vies soient quelque chose de vivant en Dieu. Nous ne nous sentons peut-être pas à l'aise avec la manière médiévale dont François appelle Dieu son «Seigneur»; cela devrait toutefois nous inciter à découvrir un nom différent qui nous permette de nous rapprocher de Dieu.

Il n'y a pas de honte à reconnaître que, lorsque nous nommons Dieu, nous donnons forme à notre compréhension de Dieu par analogie, par métaphore. Ce sont là les seuls moyens dont nous disposons pour approcher l'Inaccessible. Cela ne contribue pas à diminuer le mystère divin mais souligne seulement les limites de la pensée humaine.

Il serait utile de se rappeler la leçon de prudence d'Augustin, reconnu pour sa sagesse, qui aurait rencontré sur une plage un enfant creusant un trou dans le sable et y versant de l'eau de la mer.

— Que fais-tu là? demanda Augustin.

— Je vais verser la mer dans ce trou, répondit l'enfant.

— C'est impossible, de répliquer Augustin en riant.

— Pas plus que tes tentatives de mettre dans un esprit fini la plénitude de Dieu, lui aurait répondu l'enfant.

Quand nous donnons à Dieu un nom, nous affirmons que, s'il n'est pas possible à l'esprit humain de comprendre l'Être infini, il est possible au Dieu qui est Amour de pénétrer dans le cœur humain.

Si notre Dieu est une présence vivante et aimante qui connaît nos secrets les plus profonds et qui entend même un moineau tomber, alors il peut être connu par le cœur.

Si nous voulons connaître ce Dieu et pas seulement le comprendre, nous devons avoir pour lui un nom que nous conservons dans notre cœur. Car c'est dans le secret du cœur que Dieu nous appellera par notre nom. Et quand surviendra cet appel, ne devrons-nous pas avoir un nom par lequel lui répondre?

9

Que je ne cherche pas tant
à être consolé qu'à consoler

CETTE JOURNÉE A COMMENCÉ DANS LA PEINE. Ce matin, nous avons appris, mon fils et moi, la mort de la mère de son meilleur ami, qui a neuf ans.

Ce n'est pas que cette mort était inattendue. La mère luttait depuis des mois contre un cancer pernicieux. Non, nous savions tous que ses jours étaient comptés. En dépit de sa force de caractère et de son courage, les hospitalisations répétées et les rechutes en série nous rappelaient sans cesse que non seulement sa mort était prévisible mais prochaine.

Pourtant, lorsque la mort arriva effectivement, elle nous porta un coup cruel. Car nous savions qu'elle laissait un garçon de neuf ans à jamais séparé de sa mère, qu'elle mettait fin pour lui à l'insouciance de l'enfance.

Elle avait vu venir cette conséquence inéluctable et elle en avait eu le cœur brisé. Comment faire la paix avec une mort imminente en regardant dans les yeux un garçon dont on est l'étoile polaire, la mère, la source de tout soutien et de tout amour ? Mais en femme énergique et secrète qu'elle était, elle avait fait son choix parmi les options terribles qui s'offraient à elle : elle avait décidé de ne pas partager sa mort avec son fils, préférant qu'il garde d'elle le souvenir d'une femme vivante et aimante.

Elle a donc caché sa maladie et camouflé son épuisement, prenant une attitude aussi normale que possible entre les séances de chimiothérapie et autres pénibles traitements ou violents malaises. Jusqu'à ce que la mort la réclame, elle affirmerait la vie et n'offrirait que cela à son fils.

C'était un choix valable, qu'elle avait fait, j'en suis assuré, à la suite de bons conseils et de prières. Et ce choix a permis à son fils d'avoir à ses côtés une mère vivante et vibrante tant que cela fut humainement possible. Mais quand la mort a frappé — et elle l'a fait brutalement — son fils s'en est trouvé terriblement ébranlé, projeté en un instant dans un univers inconnu dont il ne reviendrait jamais. Peut-être, dans un lointain avenir, comprendra-t-il et puisera-t-il une force dans ses souvenirs heureux. Mais pour le moment, son monde s'est écroulé, et il se sent abandonné et dépossédé. Mon fils aussi est terrifié. Sa frayeur, vague et informe, s'étend à tout. La mère de son ami était aussi une mère pour lui. C'est elle qui amenait les enfants au cinéma le samedi après-midi, leur achetait du popcorn et leur racontait des histoires drôles. Elle était toujours prête à rôtir des guimauves, à sortir le boyau pour des sessions d'arrosage, ou à mettre une pizza au four. Il y a quelques jours encore, il était chez elle, inconscient de ce qui se préparait, prenant sa présence pour acquise, comme font les enfants à l'égard de leurs parents. Maintenant, lui aussi est face au vide et lutte pour trouver du sens à l'inexplicable.

Alors que je le tiens dans mes bras et qu'il pleure à gros sanglots, il affronte sa peur de ma mort, de la mort de sa mère, de la mort tout court. Si jeune, il est confronté aux immenses questions qui n'ont pas de réponses. Comme son ami, à un âge où l'existence se résume à des jeux, des courses à bicyclette ou des parties de balle, il regarde d'un air effaré la face incompréhensible de la mort.

Je veux le réconforter. Mais quoi lui dire?

Que la mort est un affreux voleur, qui surgit de façon inattendue? Que, si nous avons la foi, une vie meilleure nous attend de l'autre côté? Tout cela est vrai, mais un peu confus pour un enfant. Je n'ai pas la clé qui rende la mort plus compréhensible, seulement le privilège d'avoir vécu et, par là, en vivant, de m'être ouvert à son mystère.

Mon fils me regarde en reniflant. «Papa, deux choses me dérangent au sujet de la mort, dit-il, en cherchant ses mots. Il y en a une que je sais, c'est que tout le monde va mourir. L'autre que je ne sais pas, c'est ce qu'on ressent quand on meurt.» Pour l'apaiser, je lui parle des visions bienheureuses décrites par des gens qui ont subi une mort clinique. Je parle en termes généraux de la vie après la mort et de l'étreinte aimante de Dieu que nous désirons tous ardemment. Je passe sous silence, bien entendu, les douleurs et les angoisses qui parfois la précèdent, pas plus que je ne fais allusion aux paroles du père d'un ami, juste avant sa mort: «Qu'est-ce qui m'arrive? Je ne comprends pas… Qu'est-ce qui m'arrive?» Je n'ai pas de réponses; je ne peux que l'aider à formuler les questions et le conduire doucement vers l'acceptation de ce à quoi personne ne peut échapper.

Puis tout à coup, presque comme un cadeau, les mots de François me reviennent en mémoire : « Que je ne cherche pas tant à être consolé qu'à consoler. » Ce que tu dois faire maintenant, lui dis-je, c'est de consoler ton ami. Tu dois trouver le moyen de lui être présent, même si tu ne peux pas pénétrer jusqu'à sa douleur parce qu'une distance infranchissable t'en sépare. La douleur est comme une pierre jetée à l'eau et qui s'enfonce profondément dans l'abîme. En tombant, la pierre fait des ronds dans l'eau, à partir du centre, et ces ondes circulaires perdent de l'amplitude à mesure qu'elles s'en éloignent.

— Pour Danny, tu es dans le premier rond près du centre, dis-je. Toi aussi tu aimais Karen. Trouve une façon d'être là pour lui.

Il lève les yeux vers moi.

— Je suis triste pour Danny et Karen. Mais, moi, je suis heureux, maman n'est pas morte. »

— Je sais, lui ai-je répondu. Ça va.

Les réactions des survivants sont parfois tordues et difficiles à avouer. La mort un fourbe qui nous dérobe jusqu'à la pureté de notre douleur. Qui, en effet, n'a jamais ressenti un secret soulagement, même à la mort d'un être cher, de n'être pas celui ou celle que la Faucheuse a désigné. C'est une tendance très puissante que de vouloir rester en vie.

C'est seulement dans l'acte de consoler que l'on peut trouver la pureté, car le désir de consoler ne comporte pas d'ambivalence. Cela aussi est naturel — témoigner sa sympathie, son respect, s'incliner devant le mystère de la mort. Même les animaux se rassemblent autour d'un de leurs morts et, à leur façon animale, eux aussi pleurent et consolent. C'est peut-être en voyant cela que François les considéra comme des frères et des sœurs.

Ce n'est pas mal, dis-je à mon fils, d'éprouver un sentiment de soulagement en pensant que ta mère à toi est encore vivante. Nous nous réjouissons tous un peu quand l'ange noir passe sans faire attention à nous. Ce qu'il faut faire maintenant, c'est consoler Danny de la façon que tu considères la meilleure. Peut-être peux-tu le serrer dans tes bras ; peut-être peux-tu parler avec lui ; ou simplement être là. Fais ce que tu peux pour qu'il sache qu'il n'est pas tout seul.

Mon fils ravale sa salive pour faire passer son émotion. Il absorbe les mots, les pensées. Il semble si petit debout devant moi — si seul, si mal adapté à la situation.

Que fera-t-il? Peut-être n'a-t-il pas la grandeur d'âme requise. Ce n'est pas donné à tout le monde. Peut-être est-ce au-dessus de ses forces de dépasser sa peur de la mort pour partager le deuil de son ami. Il donnera tout ce dont son cœur est capable, car comme nous tous, il désire ardemment offrir quelque consolation. Avant sa conversion, François d'Assise, lui-même assez chétif, éprouvait pour les lépreux un dégoût insurmontable. Un jour qu'il voyageait seul dans la plaine d'Ombrie, il se trouva, au détour du chemin, face à face avec un homme défiguré par la lèpre. Il fut terrifié par l'homme malade et pourrissant, là devant lui, et sa première réaction fut de tourner bride et de s'enfuir.

Il ne le fit pas. Il descendit de cheval et en hésitant se dirigea vers le malheureux, mit ses bras autour de lui et, malgré sa nausée et sa répulsion, il embrassa les doigt malades de l'homme.

François n'a pas agi par inclination. Si la valeur de son action avait été mesurée à sa pureté d'intention, elle n'aurait pas beaucoup compté, parce qu'il était rempli de répugnance pour l'homme qu'il voyait devant lui. Mais la personne en pleine obscurité n'évalue pas notre lumière et ne la considère pas moindre si l'action que l'on pose est moins pure. Ce qui compte, c'est que François l'ait fait. Il en ressentit un bonheur immense. Le bien qu'il s'était fait à lui-même dépassait celui qu'il avait fait au lépreux.

Je regarde mon fils tout effrayé devant moi. Lui aussi, au détour du chemin, est arrivé face à face avec ses peurs et ses terreurs profondes. Il n'a pas à être pur de cœur. Il a seulement besoin du courage nécessaire pour faire de son mieux. Je dis une prière silencieuse : « Donnez-lui la force. S'il peut tendre la main et partager cette souffrance, qu'il le fasse. S'il peut seulement rester proche et montrer son amitié, qu'il en soit ainsi. Mais qu'il ne tourne pas le dos et ne s'enfuie pas. »

Le téléphone sonne. C'est Danny. Mon fils prend le récepteur. Il l'entoure de sa main comme s'il voulait m'empêcher d'entendre ce qu'il dit, mais la pièce est petite et remplie de silence.

« Oh ! Danny, dit-il, j'ai tellement de peine. »

Ce geste de consolation remplit mon cœur d'un mélange de fierté, de tristesse et de joie. Grâce à ces simples mots, il a ouvert, pour lui et pour son ami, le long chemin vers la guérison.

10

Que je ne cherche pas tant
à être compris qu'à comprendre

« TU NE ME COMPRENDS PAS. Personne ne me comprend. » C'est un cri que nous lançons tous, à un moment ou un autre, quand nous nous sentons incapables de communiquer ce que nous avons dans le cœur.

Et c'est probablement vrai. Personne ne nous comprend. Quoique unis par notre humanité, nous sommes séparés par notre individualité. Nul d'entre nous ne peut savoir avec certitude ce qui se passe dans la tête et le cœur d'autrui.

Quand nous éprouvons ce sentiment d'isolement et d'incompréhension, notre tendance naturelle est de nous retirer, dans l'attente que quelqu'un nous rejoigne au-delà de l'abîme de notre solitude pour rétablir le contact humain que nous désirons si désespérément.

Dans sa prière, saint François nous rappelle que la vraie voie pour sortir de notre isolement n'est pas de chercher la compréhension des autres, mais d'essayer nous-mêmes de rejoindre les autres au-delà de l'abîme. C'est dans cette tentative de comprendre les autres, nous rappelle-t-il, que le miracle de la croissance et de la création se produit.

Il me revient souvent en mémoire une histoire qu'on m'a racontée au sujet d'un homme bien ordinaire originaire de l'Oklahoma qui s'est trouvé pris dans la grande tragédie de la Deuxième Guerre mondiale. C'était un garçon ordinaire qui avait vécu une vie ordinaire. Il avait grandi dans une petite ville et, comme bien d'autres de son âge, il s'était engagé au service de son pays sans vraie préparation et sans aucune idée de ce que signifiait le service militaire.

Il s'engagea dans la marine et, bien qu'il ne fût même jamais monté dans une chaloupe, ses capacités de leadership furent remarquées et on lui donna finalement le commandement d'un bateau. Il s'en acquitta honorablement et fit ce qu'on attendait de lui pendant la longue et cruelle guerre du Pacifique. Et quand la reddition finale des Japonais fut annoncée, ses hommes et lui reçurent la tâche de pacifier quelques petites îles du Pacifique Sud et de permettre aux forces japonaises de retourner au Japon. Une de celles-ci étaient l'île de Truk.

Les soldats japonais en garnison à Truk étaient persuadés que la reddition signifiait inévitablement la torture et la mort aux mains des Américains victorieux. Ils s'armèrent de tout le courage dont ils étaient capables en prévision de la barbarie attendue et considérèrent stoïquement l'entrée des troupes américaines dans le port.

Le major japonais, un homme digne et honorable, avait en sa possession une épée de samouraï que son grand-père lui avait donnée à l'occasion de sa réception de grade à l'académie militaire. Cette épée appartenait à sa famille depuis des générations et elle était le symbole et même l'incarnation de son sens de l'honneur comme soldat. En débarquant, les Américains s'approchèrent des Japonais et leur serrèrent la main. Ils leur offrirent nourriture et vêtements et les traitèrent avec le plus grand respect. Le major japonais remarqua tout cela et l'attribua à l'intégrité du jeune commandant en charge des troupes américaines.

Lorsque les troupes japonaises furent sur le point de partir pour le Japon, le major s'approcha du jeune commandant américain originaire de l'Oklahoma qui avait traité ses soldats avec tant de civilité et lui tendit son épée de samouraï en un geste de gratitude et d'honneur.

L'Américain prit l'épée et exprima à son tour sa gratitude. Mais pour un fils des plaines de l'Oklahoma, le code du Samouraï ne signifiait pas grand-chose, et l'épée n'était pas beaucoup plus qu'un des souvenirs de guerre que les vainqueurs ont coutume de réclamer aux vaincus. Mais il ne pouvait oublier le regard du major japonais et il se promit de lui retourner un jour son épée.

Les années passèrent et le marin de l'Oklahoma fit des recherches pour retrouver le commandant japonais. Comme il ne disposait pas de suffisamment de renseignements, il abandonna ses recherches.

Des décennies plus tard, alors que son fils étudiait au Japon, le commandant américain pensa que l'occasion lui était fournie de retourner l'épée à son propriétaire. Grâce aux efforts de plusieurs fonctionnaires japonais, son fils obtint l'adresse du major, devenu âgé. Il transmit l'adresse à son père en Oklahoma, et les démarches pour retourner l'épée au major et à sa famille furent entreprises.

Après plusieurs mois, les démarches aboutirent. L'épée fut envoyée au Japon où le major la reçut, selon ses propres mots, comme un fils qu'on croyait mort depuis longtemps et qui passait soudain le seuil de la porte.

Au cours des années suivantes, les deux hommes qui avaient été reliés par cette épée poursuivirent une correspondance et s'ouvrirent l'un à l'autre. Ils partagèrent leurs souvenirs et leurs espoirs pour l'avenir. Ils se racontèrent des histoires de leurs familles et des épisodes de leur vie. Grâce à cet héritage commun de l'épée, ils devinrent des amis.

L'homme de l'Oklahoma rêvait de rencontrer son ami japonais face à face, mais il était malade et incapable de voyager. Alors sa famille s'organisa pour qu'à l'occasion d'une réunion de famille, le major japonais paraisse à la porte du petit restaurant d'Oklahoma où avait lieu la réunion et surprenne son ami américain.

Le jour de la fête, alors que l'on échangeait les accolades et les poignées de main, le fils annonça à son père qu'une surprise l'attendait. Le major Tohata entra, et les deux s'embrassèrent dans un geste spontané. La vie de deux hommes ordinaires bouclait la boucle devant les yeux de quelques citoyens ordinaires de l'Oklahoma qui eurent le privilège d'assister à l'événement. Les efforts déployés pendant un demi-siècle atteignaient leur achèvement dans cette étreinte émouvante.

Le marin de l'Oklahoma mourut peu après la rencontre. Mais l'œuvre de sa vie sur terre avait été achevée par le retour de cette épée et l'étreinte de cet ennemi devenu son ami. Personne parmi ceux et celles qui assistèrent à cet événement ou qui en prirent connaissance ne pouvait douter de la capacité de l'être humain d'aimer et de comprendre.

Cet homme bien ordinaire a su se servir des circonstances que la vie lui offrait pour créer plus de compréhension. Il aurait pu facilement se retirer et s'isoler. Beaucoup de soldats le font en disant : « Vous ne comprenez pas. Vous ne pouvez pas comprendre. » Ils s'enferment dans la certitude que l'expérience de la guerre est incommunicable et s'en servent comme d'une justification pour s'exclure de la société humaine.

Mais l'homme de l'Oklahoma a choisi une voie différente — la voie que la prière de François conseille. Il n'a pas cherché à être compris mais à comprendre. Il a regardé dans les yeux un homme qui avait fait le serment de le tuer et n'y a pas vu un « ennemi » mais un « frère ». Puis il a agi selon ce qu'il avait vu, pénétrant dans l'esprit et le cœur de cet homme afin de comprendre ce que pouvait signifier pour lui cette simple épée.

En suivant le fil dans la texture de la vie du commandant japonais, il a créé une signification qui a traversé l'océan et englobé des gens de deux continents. Ce faisant, il s'est révélé d'une façon telle qu'il a été compris par ceux qu'il cherchait à comprendre. Voilà le résultat d'une rencontre véritable.

Il est parfois commode de considérer la compréhension comme étant de l'ordre de l'intellect. Cela requiert moins d'engagement. Mais à quoi aurait servi au soldat de l'Oklahoma de comprendre intellectuellement les causes de la guerre? Quelle méthode d'analyse aurait pu quelque peu approcher la compréhension qu'il a obtenue en cherchant à créer du sens à partir des circonstances qui lui étaient données?

Nous devons nous rappeler que, même si nos existences semblent étriquées et nos actes insignifiants, nous sommes des éléments créateurs dans l'univers et que chaque geste que nous posons ou que nous omettons engendre du sens. C'est ici même, sur cette terre, dans le quotidien, dans la rue, à la table du souper, chez nos amis, au chevet d'un malade, dans les bras de l'être aimé, dans la joie ou la tristesse de nos enfants, que l'univers se forme. Loin d'être uniquement un système à déchiffrer, c'est une réalité dynamique que nous pouvons influencer par nos actions.

En considérant notre individualité comme isolée, nous avons tendance à rester en retrait, dans l'attente passive d'être compris. En choisissant plutôt de considérer notre individualité comme unique, nous réalisons que les circonstances de notre vie nous offrent des occasions d'agir et de créer de la compréhension qui ne seront offertes à personne d'autre.

L'homme de l'Oklahoma aurait pu faire que le don de l'épée devienne une action banale. Il aurait pu l'apporter chez lui, l'accrocher à un mur de son sous-sol, et en faire un sujet de conversation avec ses petits-enfants. Il en a fait un acte d'une grande signification par sa façon de réagir à ce don. Ses actions étaient inspirées par sa volonté de chercher davantage à comprendre qu'à être compris.

D'une certaine façon, chaque jour chacun d'entre nous reçoit d'un autre une épée. Ce peut être un objet réel, ce peut être une conversation, une marque d'affection ou de réprobation. Si nous ignorons ce don, si nous le dénigrons ou si nous l'accaparons pour nous-mêmes sans nous préoccuper de ce qu'il signifiait pour l'autre, nous ne prenons pas la pleine responsabilité qui nous est donnée de créer du sens dans l'univers. Mais si nous formons des liens et tentons de comprendre pourquoi telle personne dans telle circonstance s'est comportée de telle manière, alors nous mettons en marche un processus d'engagement dynamique qui se prolongera dans le temps et l'espace d'une façon que nous ne pouvons pas imaginer.

Ce jeune soldat n'a peut-être pas pensé qu'il faisait un geste d'une grande portée. Mais en réagissant aux circonstances de sa vie bien ordinaire dans un effort extraordinaire de compréhension, il a créé un sens qui a jeté un pont au-dessus d'un océan et donné à des centaines, peut-être à des milliers de personnes, un aperçu de ce qu'il y a de plus noble dans l'être humain.

Si un homme ordinaire de l'Oklahoma a pu surmonter les horreurs de la guerre avec une épée de samouraï et grâce à sa volonté de compréhension, comment penser que nos actions sont trop insignifiantes pour avoir quelque effet?

II

Que je ne cherche pas tant
à être aimé qu'à aimer

J'AI VÉCU À FLORENCE pendant plusieurs mois pour y étudier la sculpture. Souvent, quand il faisait chaud, je me réfugiais dans la fraîcheur des cathédrales ou des musées et je restais en contemplation devant les chefs-d'œuvre qui embellissaient chaque mur et chaque recoin de cette merveilleuse cité.

Beaucoup d'artistes m'enchantaient, mais Giotto me fascinait. Son œuvre semblait en équilibre entre le Moyen Âge et la Renaissance. Ses personnages avaient encore l'aspect théâtral propre à l'iconographie religieuse, mais les gestes des mains et l'expression des visages donnaient un certain réalisme aux scènes représentées. Même si les protagonistes étaient des serviteurs et des servantes de Dieu, ils n'en possédaient pas moins une sensibilité et des émotions humaines.

Parmi mes œuvres préférées se trouvaient les fresques de Giotto dans l'église Santa Croce, et ma favorite représentait les funérailles de saint François. On y voyait le saint dans sa bière, entouré du cortège funèbre formé de personnes aux mains levées en signe de bénédiction et aux visages marqués par un chagrin bien humain.

Sur le visage de François, Giotto avait peint un sourire d'une paix ineffable. Un sourire subtil et délicat — une émanation plutôt qu'une expression — comme un rayonnement que même la mort ne pouvait réprimer. Je dessinais ce visage pendant des heures, tentant de découvrir la clé qui m'ouvrirait le secret de ce sourire.

Souvent, pendant que je travaillais, j'entendais les conversations des autres visiteurs. Allemands, Français, Italiens, Japonais, Iraniens, Turcs, Américains, Pakistanais — toutes les nationalités, toutes les croyances passaient pour contempler ces fresques. Et même si la plupart venaient pour le génie spirituel et esthétique de Giotto, très souvent leur conversation s'éloignait de l'art lui-même pour s'attarder au sujet qui était dépeint : la vie et le caractère de François d'Assise.

Au long des mois, j'entendis souvent les mêmes réflexions : « C'est le saint qui parlait aux animaux. » « C'était un fils choyé qui a abandonné tout ce qu'il possédait et s'est mis nu devant son père. » « C'est celui qui prêchait aux oiseaux. » « C'était le doux saint. »

L'information n'était pas toujours juste, elle était parfois même douteuse. Mais il était évident que saint François, le Poverello, le petit Pauvre de Dieu, avait touché le cœur et captivé l'imagination des gens partout dans le monde et que tous — chrétiens, juifs, athées, agnostiques, bouddhistes, jaïns, hindous ou musulmans — voyaient en lui un symbole de pureté et de douceur qui les comblait d'admiration et d'amour.

Je me demandais ce qui, chez ce simple fils d'Italie, pouvait transcender les croyances et faire que tant de personnes différentes le considèrent comme un des leurs ? Un jour, en sortant l'église, j'eus une intuition de la réponse.

Sous un soleil radieux, un jeune couple se promenait, main dans la main, sur la piazza. Ils riaient et chantaient, de toute évidence très amoureux. De temps à autre, ils s'arrêtaient, nourrissaient les pigeons ou s'adressaient à un touriste assis sur un banc. Parfois, ils se caressaient doucement le visage ou échangeaient un petit baiser.

Leur amour était si pur et si contagieux que les vieilles dames qui se rendaient à la cathédrale pour la messe leur souriaient en passant. Le jeune couple leur rappelait quelque chose de leur jeunesse et elles se souvenaient que c'était bon. Et j'ai compris tout à coup ce qui rendait François si aimable à tant de gens : il se comportait comme quelqu'un qui vient de tomber amoureux.

Être amoureux est le rêve secret qui vit en chacun de nous. C'est l'expression humaine de notre profond désir d'union, notre désir de voir tomber les murs qui nous séparent des autres.

Quand on est amoureux, le monde entier est soudain inondé d'un éclat nouveau. C'est comme si on avait vécu sous un ciel nuageux et que soudain, pour la première fois, le soleil éclatait dans toute sa gloire. On se sent relié à tout ; toutes les créatures sont nos frères et nos sœurs. On aurait envie de courir par les rues en riant et d'embrasser toutes les personnes que l'on rencontre. C'est ce qui nous rapproche le plus du sentiment de sainteté.

La magie de François consiste en ce que sa sainteté ressemblait à l'amour naissant. Il se mettait à chanter au milieu d'une place publique ; il parlait aux oiseaux et aux poissons ; il ramassait les vers de terre et les portait au bord de la route de peur qu'on les écrase. Tout sur terre et dans les cieux — les étoiles, les animaux, le soleil et la lune — était son frère ou sa sœur. Il se sentait relié à tous les êtres vivants, et rien, que ce soit un arbre ou un étang, un lépreux ou une bête sauvage, n'était trop insignifiant pour qu'il s'en soucie. Il aurait embrassé toutes les créatures.

Comme cela ressemble à la pure joie de l'amour, et comme cela réjouit quiconque a connu la grâce d'un premier amour. À l'instar des vieilles dames de la piazza Santa Croce souriant de voir ce couple si amoureux, on ne peut s'empêcher de sourire en présence de la foi joyeuse et aimante de François.

Une des merveilleuses histoires qui nous soient parvenues à propos de François concerne l'hiver qu'il passa à l'ermitage de Sarteano, en pleine montagne. Un soir, il s'était retiré dans sa cellule pour prier quand tout à coup il en eut assez. Submergé par une grande solitude, il fut cruellement tenté de renoncer au célibat et à l'austérité de sa vie.

Il s'imposa d'abord des mortifications physiques. La tentation ne s'éloignant pas, il trouve une solution que lui seul pouvait imaginer. Il se précipita dehors à demi nu, prit de la neige et se mit à façonner sept bonshommes. Quand il eut fini, il les passa en revue et se tint ce discours :

« Regarde, François ! La famille que tu désires est au complet. Voici ta femme. Les quatre plus petits sont les enfants qu'elle t'a donnés, deux garçons et deux filles. Ces deux grands, ton domestique et ta bonne. Et maintenant, c'est sur le père que tous comptent pour leur entretien. Alors, dépêche-toi de leur trouver des vêtements avant qu'ils ne meurent de froid. »

Après une pause, il se prit à partie : « Quoi donc ? Tu hésites ? Tu trouves qu'ils sont trop nombreux ? Alors, mon ami, reste au service de Dieu, et ne pense plus à autre chose ici-bas ! »

On reconnaît bien là François d'Assise. Envahi par la solitude, il n'aspirait pas à ce que quelqu'un l'aime : il désirait quelqu'un à aimer. Telle est la leçon qu'il nous donne, lorsqu'il nous dit de chercher pas tant à être aimé qu'à aimer. L'amour, nous dit-il, habite en nos cœurs. Il ne prend vie qu'une fois donné. Pour briser les barrières de notre isolement, notre premier geste ne doit pas être de supplier que quelqu'un nous aime mais de rechercher quelqu'un ou quelque chose à combler de notre amour.

Chez François, c'était un mode de vie. Mais jamais peut-être il ne l'exprima avec une telle pureté de cœur qu'au cours de cet hiver rigoureux que ses moines et lui passèrent dans une chaumière abandonnée près d'un ruisseau appelé Rivo Torto.

La vie y était particulièrement rude pour les moines. Leur cabane était si exiguë qu'ils pouvaient à peine tous s'y loger en même temps, et ils n'avaient parfois pour se nourrir que des navets laissés dans les champs.

Une nuit, un des moines commença à gémir.

— Je me meurs, je me meurs, râlait-il.

— De quoi meurs-tu, mon frère ? lui demanda François.

— Je meurs de faim, répondit le moine.

François fit aussitôt lever tous les moines et demanda qu'on mette la table. Il apporta la nourriture qu'il put trouver et tous mangèrent, pour que le moine qui s'était plaint n'ait pas honte de manger seul.

Peut-on imaginer plus belle démonstration d'un amour désintéressé ? François n'a pas critiqué ; il n'a pas jugé. S'il a été déconcerté par la faiblesse du moine, il n'en a rien montré. Il ne recherchait pas non plus la louange ou la reconnaissance. Il a fait cela pour la seule raison qu'il était rempli d'amour pour son frère affamé et qu'il voulait le soulager et le protéger. Cet homme doux a tout fait pour dissimuler la faiblesse de son frère au lieu de l'exposer.

Par sa conduite, François nous découvre les vertus salutaires d'un amour qui n'attend pas de retour. En aimant le moine affamé dans toute sa faiblesse, François a suscité l'amour dans le cœur du moine. Et tous ceux qui furent témoins de son geste furent aussi comblés en présence de cet amour, parce qu'ils ne pouvaient pas ne pas sentir sa pureté et sa douceur.

L'amour donné est devenu de l'amour reçu, et une fois reçu il pouvait être donné de nouveau. Il augmentait, et se multipliait, et se répandait parmi les moines et de là sur toute la terre, jusqu'à nous à qui cette histoire est parvenue. Et d'autres encore seront touchés quand nous leur raconterons ou quand nous agirons en suivant les traces de François.

L'amour est actif et fécond. Il doit être semé si on veut qu'il grandisse. L'amour ne juge pas; il ne pose pas de questions. Il ne demande pas à être reconnu; il n'exige pas de retour. Sa récompense consiste dans le don, mais il ne songe pas à la récompense. L'amour est tout tendu vers les autres, pas à cause de leur mérite ou de ce qu'ils peuvent offrir en retour, mais parce qu'ils sont les créatures de Dieu, et que toute la création est digne de notre amour.

Le cœur vide qui cherche à recevoir de l'amour au lieu d'en donner ressemble à un pot de fleurs trop petit où les racines ne peuvent se développer. Il tente d'assujettir l'amour à ses besoins. L'amour qu'on donne prend racine où il veut ; son feuillage et sa floraison profitent à tous ceux qui l'entourent. Et là où tombent ses graines, un amour nouveau grandit et le cycle de l'amour recommence.

Cela paraît si simple, si évident. Mais trop souvent nous oublions ces vérités. Quand nous nous sentons faibles, nous recherchons de l'amour. Quand nous nous sentons forts, nous gérons notre amour et nous le distribuons dans la mesure où nous le croyons mérité. C'est seulement quand nous nous sentons débordants d'amour, comme le jeune couple sur la piazza Santa Croce, que nous lançons notre amour sans condition dans toute la création.

Par sa vie et ses paroles, François nous rappelle que l'amour que nous donnons, peu importe dans quelle mesure nous le donnons, nous reviendra au centuple. Il comblera nos besoins et se propagera comme des ondes dans l'eau, atteignant des lieux que nous n'imaginons pas. Il s'agit de croire qu'il faut d'abord le donner afin d'en découvrir les effets bienfaisants.

Quand je ressens un manque d'amour ou une certaine sécheresse de cœur, j'essaie de me trouver parmi des enfants. Leurs cœurs sont purs et leurs manières sans artifice. Ils m'offrent une vue directe dans le cœur humain.

L'autre jour, j'étais dans une classe avec une fillette qui jouait avec des animaux en peluche. Elle leur parlait en les tenant, et poursuivait avec eux une conversation imaginaire. Je l'observais soulever chaque petit animal jusqu'à son visage, l'embrasser et lui chuchoter des mots doux à l'oreille. Elle les comblait de son amour. Peu lui importait que les animaux ne puissent lui rendre son amour ; il suffisait qu'elle puisse les aimer.

Je suis rentré à la maison ce soir-là le cœur brûlant et j'ai pensé à ma famille, imparfaite et pas exempte de difficultés comme toutes les familles. J'ai pensé à mes beaux-enfants pour qui j'ai essayé d'être un père sans prendre la place de leur père. J'ai regardé mon fils qui a atteint un âge où je dois relâcher l'étreinte dans laquelle j'aimerais tellement le retenir. J'ai regardé ma femme, unie à moi et pourtant séparée, ayant ses propres rêves, frayeurs et soucis intimes. Et j'ai réalisé que, comme la fillette et comme François, moi aussi je voulais une famille que je pouvais aimer sans rien exiger en retour.

Je me surpris à sourire. Nous étions comme des bonshommes de neige du bon Dieu — imparfaits et éphémères, créés par lui uniquement pour lui permettre de nous combler d'amour. Cette pensée m'a plu et toute la soirée le sourire s'est attardé sur mes lèvres. Même dans mon lit en attendant le sommeil, ce sourire ne m'a pas quitté. Et même si je ne pouvais le voir, je le reconnaissais car je le savais par cœur.

C'était le sourire que Giotto avait peint sur le visage de François, le même sourire que j'avais vu chez les vieilles dames qui contemplaient les jeunes amoureux de la piazza Santa Croce, le même sourire qui avait fleuri sur les lèvres de la fillette alors qu'elle berçait ses petits animaux. C'était le sourire d'un amour débordant, et j'avais envie de pleurer de joie pour cette faveur qui m'était faite.

12

Car c'est en se donnant
que l'on reçoit

L'ENSEIGNANT INFATIGABLE ET DÉVOUÉ, le philanthrope désintéressé, la bénévole empressée semblent tous inspirés par une générosité au-dessus de la moyenne. Pourtant, quand on leur demande pourquoi ils agissent ainsi, ils donnent tous la même réponse : « Je reçois plus que je donne. »

À première vue, cela semble un cliché. Mais si on creuse plus profondément, on découvre que tous ces gens connaissent un des grands secrets de l'existence : tout comme nos corps sont nourris par les aliments, nos esprits le sont par le don. Rien de mystique là-dedans ; rien de magnanime. C'est une simple vérité sur la façon dont l'énergie vitale circule entre les personnes quand on donne.

J'ai eu un ami acteur. Il maîtrisait très bien son métier ; par un léger mouvement ou une inflexion de la voix, il pouvait créer un monde de sens dans une scène ou chez un personnage. Un jour, nous discutions d'un sujet sur lequel je croyais avoir quelques lumières. Je lui exposais longuement mes réflexions quand, tout à coup, j'ai perdu le fil de mes idées.

Je l'ai regardé d'un air embarrassé : « J'ai oublié ce que je disais », ai-je avoué.

« Je sais, répliqua-t-il. C'est parce que je n'écoutais pas. »

Lui, qui comprenait mieux que quiconque les liens subtils qui tissent les rapports humains, savait à quel point donneur et receveur sont liés d'une façon étroite.

Depuis, j'ai remarqué ce phénomène des centaines de fois au cours de conversations. Que ce soit dû à des signes quasi imperceptibles dans la réaction de l'auditeur ou à quelque chose de plus profond et d'inconscient, je l'ignore. Mais je sais que mon ami disait vrai. C'est la présence attentive de l'auditeur qui donne au locuteur sa concentration et son énergie.

Demandez à n'importe quel orateur, professeur ou artiste-interprète, ils vous diront la même chose. Il se passe quelque chose dans la relation entre la personne qui offre et celle qui reçoit qui peut tuer un événement ou le rendre vivant.

Quand un véritable don se produit, quelque chose de neuf et de vivant se crée dans l'espace entre le donneur et le récipiendaire. Deux personnes, qui quelque minutes avant n'avaient aucun lien, s'ouvrent tout à coup l'une à l'autre, et entre elles quelque chose de magique se produit. Ni l'un ni l'autre ne peuvent prédire ce que ce sera, mais les deux en bénéficieront, et souvent c'est le donneur qui en profite le plus.

De nouveau, cela me fait penser à ce tournant dans le vie de François, quand au détour d'une retour il se trouva vis-à-vis d'un lépreux. Quand il descendit de cheval, s'approcha du lépreux dont les chairs pétrifiées lui inspiraient du dégoût et qu'il le serra dans ses bras, c'est lui qui donnait, mais c'est lui qui reçut davantage. D'une façon qu'il ne prévoyait pas, il fut comblé de bonheur, et à partir de ce moment, il alla de par le monde accomplissant des actes de bonté partout et aussi souvent qu'il le pouvait.

Le lépreux aussi reçut beaucoup. Dans sa quarantaine solitaire et misérable, il reçut ce dont nous avons tous le plus besoin — la tendresse d'autrui. Ce baiser et cette étreinte de François confirmèrent qu'il était plus qu'un être malade : il était un membre de la famille humaine.

Par son don, François engagea deux hommes sur le chemin de vies plus pleines et plus paisibles à cause de ce moment partagé. Par son don, il a créé du sens là où il n'y en avait pas auparavant. Ce faisant, il a ajouté à la richesse et à la beauté de la création.

Il ne faut jamais sous-estimer la puissance du don et tout ce qu'il peut accomplir dans nos cœurs. Quand nous donnons, nous ouvrons les portes du possible de façon à permettre à la lumière de l'amour de passer. Et dans cette lumière, des miracles peuvent s'accomplir.

Alors que j'enseignais l'art religieux dans un séminaire, le directeur me fit un jour une curieuse demande : « J'ai un étudiant dont je ne sais que faire. Il veut devenir jongleur et intégrer cette occupation à son ministère. Personne ne peut lui enseigner cela. Peut-être pourriez-vous travailler avec lui ? » Je déclarai ne rien connaître à l'art du jongleur, j'acceptai néanmoins de recevoir ce jeune séminariste.

Je fis donc la connaissance de ce garçon plein d'espoir et de talent, mais obsédé par un rêve impossible. Je voulais bien travailler avec lui, mais à certaines conditions. « Je ne peux pas t'apprendre l'art de jongler, lui ai-je dit. Tu devras apprendre cela par toi-même. Mais je peux t'aider à mettre cette habileté au service d'autrui. Si j'accepte de travailler avec toi, tu dois me promettre de t'abstenir de jongler devant moi jusqu'à la fin du cours ; entre-temps, tu devras faire tout ce que je te dirai. »

Philippe, c'était son nom, accepta, et nous avons entrepris de bâtir ensemble un programme d'apprentissage. D'abord, quelques lectures : la vie de François, « le fou du Christ », des ouvrages sur la tradition du bouffon et quelques biographies de clowns célèbres. Rien de tout cela ne le satisfaisait. « Je ne veux pas apprendre l'histoire, dit-il finalement. Je veux trouver un ministère. »

La semaine suivante, j'ai ouvert la Bible au chapitre cinq de Matthieu et lui ai indiqué les Béatitudes. À l'avenir, chaque semaine tu sortiras dans les rues et tu « jongleras » une béatitude. Tu ne dois pas parler, ni expliquer à quiconque ce que tu fais. À la fin de chaque semaine, nous nous rencontrerons et tu me raconteras quelle béatitude tu as choisi de mimer, comment tu l'as présenté, et ce que tu as appris. »

D'un genre aventureux et tout émerveillé par la richesse de l'expérience humaine, Philippe accepta ma proposition avec enthousiasme. Au cours des neuf semaines suivantes, il se rendit en ville avec son petit sac de boules rouges, et il essaya d'exprimer les Béatitudes par son témoignage silencieux.

Il a jonglé un peu partout, dans des foyers, des cliniques, en prison, dans la rue, dans des maisons. Ses aventures étaient tantôt amusantes, tantôt émouvantes, parfois pénibles. Un homme lui a donné son manteau ; dans un foyer de groupe pour adultes retardés, tous les résidents l'ont embrassé. Un soir, il a été battu par une bande de voyous. Mais il persévérait.

À la fin du trimestre, il ne lui restait qu'une béatitude à jongler : « Bienheureux les pauvres en esprit, car le Royaume des cieux est à eux. » « Comment vais-je savoir qui est pauvre en esprit ? demanda-t-il. Où vais-je les trouver ? »

« C'est à toi d'en décider, lui ai-je dit. Rappelle-toi notre entente. » Il partit un peu découragé. L'expérience avait exigé beaucoup de lui et j'étais un peu malheureux en pensant que je lui avais peut-être trop demandé. Le vendredi, il entra en coup de vent dans mon bureau, rayonnant comme je ne l'avais encore jamais vu. « Vous ne croirez jamais ce qui est arrivé. J'ai eu du mal à attendre jusqu'à aujourd'hui pour vous le raconter. »

Surexcité, il repassa les événements de la semaine. Il était allé à l'hôpital, se disant que les patients d'un hôpital étaient des gens démunis. Il était entré par la porte principale en jonglant avec son assortiment de boules. Personne ne fit attention à lui quand il prit l'ascenseur pour se rendre à un étage de patients hospitalisés. Il sortit de l'ascenseur et salua les infirmières au poste, tout en jonglant sans arrêt.

— Puis-je vous aider? demanda une employée.

Philippe sourit et continua à jongler.

— Il n'est pas permis d'être à cet étage à moins que vous visitiez quelqu'un, dit-elle. Qui venez-vous voir ici?

Philippe ne dit rien et continua le long du corridor vers les chambres des patients, tout en jonglant.

L'infirmière l'appela : «Qui venez-vous voir? Vous ne pouvez pas rester ici à moins de visiter quelqu'un en particulier. »

Il ne répondait toujours pas.

Apparemment, elle sonna alors une alarme. Aussitôt, des aides-infirmiers accoururent de tous côtés. Ils entourèrent Philippe et se rapprochèrent de lui. « Il doit s'être échappé du bloc, dit l'un d'eux en parlant de la salle psychiatrique au quatrième étage. Donnez-lui un calmant et ramenez-le. »

Philippe était terrifié. Il ne portait plus de portefeuille quand il jonglait, de peur d'être volé et battu. Et il devenait évident que même s'il manquait à notre entente et parlait pour s'expliquer, l'infirmière et les aides ne croiraient pas son histoire.

Les aides se rapprochaient de plus en plus. Il ne pouvait pas courir. Il ne pouvait pas fuir. Une infirmière était allée chercher la seringue et le sédatif.

Il était contre un mur, cerné de toutes parts, jonglant de peur, quand un homme âgé vêtu de sa jaquette d'hôpital sortit d'une chambre voisine. Il regarda Philippe et les aides. « Il est venu pour me voir, dit l'homme. Entre, je t'attendais. »

Les aides avaient l'air confus. Les infirmières s'éloignèrent.

« Tout va bien, dit l'homme. Il est venu pour moi. » Et il fit entrer Philippe dans sa chambre. Il s'étendit dans son lit et fit signe à Philippe de continuer à jongler. Pendant une demi-heure, Philippe jongla comme jamais auparavant. L'homme resta là, soutenu par ses oreillers, souriant, sans parler, jusqu'à ce que Philippe ait fini. Alors, il l'applaudit.

Philippe rangea ses boules et retourna prudemment dans le corridor. Les infirmières le dévisageaient. Les aides-infirmiers, les bras croisés, le suivaient des yeux. Il leur sourit, prit l'ascenseur et sortit dans la rue sans avoir dit un seul mot.

Il n'avait jamais vu cet homme. Il ne savait pas qui il était ou pourquoi il avait agi comme il l'avait fait. Il savait seulement que cet inconnu l'avait protégé dans une situation qui aurait pu mal tourner.

— Qu'as-tu appris? lui ai-je demandé.

— Le monde est plein de miracles, répondit-il. Et parfois nous recevons plus que nous ne donnons.

— Je crois que tu as découvert ton ministère. Le cours est terminé.

Quand nous prenons le risque de nous ouvrir et de donner, des événements merveilleux peuvent en effet se produire. Ce n'est pas toujours facile; il y a habituellement des risques. François ne savait pas ce qui se passerait quand il décida de descendre de son cheval et d'embrasser le lépreux. Philippe ne savait pas ce qui arriverait quand il descendit dans la rue pour jongler les Béatitudes.

Nous ne savons pas non plus ce qui arrivera quand nous accueillons un enfant chez nous ou écoutons l'histoire de quelqu'un rencontré au coin de la rue, ou quand nous donnons de la monnaie à un quêteux ou allons faire la lecture dans un foyer. Notre seule certitude est qu'il y a, entre nous et ceux à qui nous donnons, une possibilité d'influence inexplicable, une «magie».

Si nous faisons confiance à cette magie, comme François, comme Philippe, comme l'enseignant, la bénévole ou le philanthrope, nous apprendrons que rien de ce que nous pouvons donner ne se compare à la joie de se faire dire: «Entre, je t'attendais.» C'est comme une bénédiction qui semble venir de la main même de Dieu.

13

*C'est en pardonnant
que l'on obtient le pardon*

BEAUCOUP DE MES AMIS portent en eux un poids de colère contre leurs parents. Influencés par les interprétations psychologiques, ils considèrent que leurs échecs dans la vie sont grandement attribuables à leur milieu familial et à leur éducation.

À bien des égards, ils ont raison. Un père alcoolique, prompt à administrer des raclées, inflige des blessures beaucoup plus profondes que de simples cicatrices. Une mère qui abandonne ses enfants, ou qui s'y cramponne par besoin narcissique, enchaîne leurs cœurs qui ne pourront jamais se libérer complètement.

Pourtant la vie est un don, et chaque jour des prodiges s'accomplissent. Si nous nous acharnons à considérer les aspects défectueux de nos vies, nous nous fermons à la beauté et au mystère du monde.

Nous avons tous et toutes subi des torts, et nous en avons infligé à autrui. De façon indirecte mais bien réelle, nous faisons du tort à la terre elle-même en l'habitant — nous utilisons ses ressources pour nos besoins et notre plaisir, nous enlevons la vie à d'autres espèces pour notre subsistance. Cependant, il ne sert à rien de s'appesantir sur ces torts. Ils font partie de la vie et montrent que nous sommes étroitement liés au reste de l'univers.

Si nous voulons vraiment faire l'expérience du miracle de la vie et de la richesse de chaque journée, nous devons apprendre à pardonner — à nous-mêmes, à ceux et celles qui nous entourent et à ceux qui nous ont précédés, et dont nous sommes, pour le meilleur ou pour le pire, les héritiers. C'est la seule façon de purifier notre cœur et notre esprit afin de rester ouverts à la plénitude et à la beauté de la vie.

On pense souvent que pardonner, c'est rétablir la relation entre deux personnes. C'est vrai dans bien des cas. Mais le véritable pardon commence en soi, car tant que nous ne serons capables de nous pardonner, nous ne verrons pas les choses assez clairement pour pardonner aux autres.

Je garde un souvenir vivace du moment où mon père, pour qui l'éducation était tout, décida de retourner aux études après toute une vie de labeur pour subvenir aux besoins de sa famille.

Après mûre réflexion et quelques hésitations, il s'inscrivit en sciences humaines — un domaine qui l'avait toujours fasciné et pour lequel il croyait posséder des capacités. En homme assidu qu'il était, il fit toutes les lectures, prit toutes les notes et assista à tous les cours avec sérieux et intérêt. Comme projet final, il rédigea un essai sur l'histoire de la langue anglaise. Il travailla fort sur ce projet, lui donnant la forme d'un dialogue socratique et y investissant toute la créativité dont il était capable.

Je me rappelle de son coup de téléphone après avoir remis son travail. Sa voix résonnait de fierté. Les aspirations intellectuelles refoulées pendant quarante ans refaisaient enfin surface. Il attendait avec impatience la réaction du professeur.

On lui remit son travail couvert de remarques en rouge dans les marges et de commentaires tranchants. Apparemment sa dissertation avait abouti chez un assistant du professeur qui s'était chargé d'éreinter mon père et ses efforts ardus pour s'exprimer dans un style universitaire.

Mon père ne dit pas grand-chose mais il m'envoya son travail. J'étais le seul membre de la famille à avoir un diplôme universitaire et représentait donc son seul espoir de récupérer le petit peu de fierté et de confiance en soi qui lui restait. Je ne me rappelle pas exactement ce que j'ai dit ou fait. Je sais seulement que j'ai «réévalué» son travail et écrit une nouvelle série de commentaires dans la marge. Je suis sûr que j'avais les meilleures intentions, mais je suis assuré aussi que mes efforts pour paraître professoral ont contribué à détruire un peu plus la confiance et la détermination de mon père. Il ne voulut jamais suivre d'autres cours.

Mon père est mort maintenant. Son unique passion durable dans la vie fut l'éducation. Sa plus grande réalisation inachevée fut son diplôme de licence. Et la seule personne qui aurait pu le soutenir et l'encourager à obtenir ce diplôme, c'était moi. Je ne l'ai pas fait. Je le regrette amèrement, et ce regret me suivra dans la tombe.

Mais, en vérité, ce n'était qu'une erreur — une parmi bien d'autres que j'ai faites au cours de ma vie. Même si cela me blesse au vif de penser que j'ai contribué à briser le rêve de mon père, c'est arrivé. Je n'y peux rien changer. Je ne peux pas me reprendre. C'est un aspect sombre de l'héritage que je laisserai sur terre.

Pourtant je ne dois pas m'y attarder indûment. Le plus beau cadeau que je puisse faire, à moi-même et à mon père, est de me pardonner cette erreur, toute coûteuse qu'elle ait été sur le plan humain. Si je m'y arrêtais, je perdrais les moments heureux avec mon père que je conserve dans mon cœur, et ce seul incident colorerait pour toujours mon souvenir. C'est seulement en me pardonnant que je peux ramener du soleil dans le souvenir que je garde de mon père. Et, plus important encore, en me pardonnant, je me donne la permission de lui pardonner ses échecs et ses manquements à mon égard.

Voilà le vrai pouvoir du pardon. Il fait de nous des membres de la famille humaine. Il reconnaît que tous et toutes nous pouvons nous tromper et que nous avons besoin d'être pardonnés pour nos erreurs et nos omissions.

Si nous ne pouvons pas nous pardonner à nous-mêmes, nous construisons un mur d'enceinte autour de nos actions. Nous déformons les faits pour justifier notre conduite, et nous jugeons sévèrement la conduite des autres.

Ou alors nous sombrons dans une auto-accusation qui nous empêche de contribuer à la construction du monde dans lequel nous vivons.

Si nous pouvons nous pardonner, nous nous accordons — à nous-mêmes et à ceux et celles qui nous entourent — la liberté de n'être pas parfaits, nous acceptons d'être faillibles. Nous apprenons par conséquent à considérer le monde avec plus de douceur.

Mes amis qui garde rancune à leurs parents se privent de cette douceur Au lieu de se réjouir d'avoir reçu le don de la vie, ils analysent ce don et le trouvent déficient. Ils refusent leur pardon à ceux et celles qui en ont le plus besoin, et de ce fait ils se confinent dans une interprétation de la réalité qui ferme la porte à l'immensité du possible.

La nécessité du pardon me ramène souvent à l'histoire du loup féroce que François rendit particulièrement doux. Ce loup affamé terrorisait la campagne dans la région de Gubbio, tuant non seulement les bêtes mais aussi les humains qui pour leur malheur se trouvaient sur sa route.

Sans tenir compte des mises en garde des habitants, François sortir de la ville pour aller à la rencontre du loup et l'engager à ne plus faire de mal. Quand il fut en sa présence, il la sermonna énergiquement.

«Frère Loup, lui dit-il, je suis fort chagrin d'entendre parler des crimes que tu commets. Tu as fait des choses terribles, blessant et tuant des créatures de Dieu sans aucune pitié. Tu mérites une mort affreuse, et je comprends pourquoi les gens de Gubbio te haïssent. Mais, frère Loup, je veux te réconcilier avec eux afin qu'ils n'aient plus à te craindre, et que, de ton côté, absous et pardonné, tu n'aies plus rien à craindre d'eux ni de leurs chiens. Si tu consens à faire la paix, j'obtiendrai des gens de Gubbio qu'ils te nourrissent aussi longtemps que tu vivras, car je sais que c'est la faim qui t'a poussé à commettre ces méfaits. »

Le loup écouta attentivement et, par des mouvements de son corps, fit signe qu'il promettait. Les habitants, juchés sur les murs et les toits, qui furent témoins de la scène manifestèrent par des exclamations leur joie et leur admiration. À partir de ce moment, le loup changea de conduite. Il vécut le reste de sa vie comme un membre chéri de la communauté, allant de porte en porte pour sa nourriture, et on le pleura beaucoup quand il mourut.

L'histoire relève probablement de la légende, même si, comme bien des récits de la vie de François, elle est si touchante que nous aimerions qu'elle soit vraie. Le plus important cependant n'est pas sa véracité mais l'exemple de pardon et de réconciliation qu'elle nous fournit.

Nous portons tous et toutes un loup en nous. Il apparaît brusquement à des moments inattendus et blesse ceux et celles que nous aimons. Nous ne pouvons pas toujours lui commander de rester tranquille. Tant que nous serons vivants, il surgira encore, malgré nos efforts les plus sincères pour le maîtriser, et il blessera d'autres personnes. Des loups vivent aussi dans ceux qui nous entourent — nos enfants, nos amis, nos parents, nos connaissances —, et ils bondiront aussi à l'improviste et nous feront du mal. Que faire sinon pardonner? Sommes-nous à ce point sans péché que nous puissions lancer la première pierre? Sommes-nous les seuls à maîtriser le loup dans notre cœur?

En refusant de pardonner à leurs parents, mes amis enchâssent la colère dans leur cœur. Ils affirment qu'il est impossible de pardonner au loup, que ses crimes sont trop graves. Est-ce qu'ils n'ont pas conscience que leurs parents aussi ont été assaillis par les loups pendant leur vie, et leurs parents avant eux?

Si les gens de Gubbio n'avaient pas pardonné au loup, ils auraient constamment vécu dans la colère. Plus encore que le loup lui-même, ils auraient été prisonniers de ses crimes. Mais ils lui ont pardonné, comme mes amis doivent pardonner à leurs parents, comme je dois me pardonner à moi-même, comme nous devons tous et toutes pardonner au monde autour de nous les humiliations et les torts que nous avons subis et ceux que nous avons fait subir aux autres. En pardonnant au loup, ils ont de nouveau ouvert leurs cœurs et libéré leurs esprits.

Chaque jour nous apporte une occasion de pardon. Quelqu'un nous coupe la voie dans la circulation ; un collègue est brusque envers nous ; un autre que nous devions rencontrer ne se présente pas au rendez-vous ; notre enfant, notre parent ou notre conjoint nous blesse par ses paroles ou ses attitudes. Ou peut-être nous-mêmes parlons-nous durement à quelqu'un ou sommes-nous indélicats envers un autre en paroles ou en actes.

Dans toutes ces circonstances, le plus grand don à offrir sera le pardon. Le pardon est gratuit ; il doit être offert avec amour sans en attendre de reconnaissance. C'est notre façon de faire ressortir la bonté d'une personne au lieu de relever la dureté de ses actions.

Puis surtout, il nous intègre à la famille humaine et nous permet de vivre au soleil du présent plutôt que dans les ténèbres du passé. Le pardon ouvre des possibilités infinies. Et c'est peut-être ainsi que, à notre humble manière humaine, nous pouvons approcher de plus près l'acte divin de répandre la grâce.

14

*C'est en mourant
que l'on ressuscite à la Vie*

Il y a bien de façons de mourir. Le papillon cesse d'être chenille quand il se débarrasse de sa chrysalide et s'envole. On peut mourir à une relation antérieure en s'engageant de tout cœur dans un nouvel amour. François est mort à sa vie de plaisirs quand il a renoncé à ses richesses pour les distribuer aux pauvres et que, dans un geste symbolique, il a ôté tous ses vêtements devant son père qui exigeait la restitution de ses biens.

Cependant, pour la plupart d'entre nous, la mort fait référence à la cessation de la vie. C'est pourquoi nous l'envisageons avec angoisse. Si nous élargissons notre compréhension de la mort pour y inclure tout changement important dans nos vies, elle peut aussi sûrement devenir un passage des ténèbres à la lumière que de la lumière aux ténèbres. En pensant à toutes ces morts qui nous libèrent pour quelque chose de nouveau et de meilleur, nous sommes moins portés à considérer la mort avec crainte et pouvons au contraire l'envisager avec espérance.

Quand François nous dit qu'en mourant l'on ressuscite à la Vie, il fait sans aucun doute référence au salut qui nous introduit à la vie en Jésus-Christ. Et pour ceux qui embrassent cette foi, la croyance en une telle plénitude de vie est un baume pour l'esprit et devient un pôle autour duquel toute l'existence humaine se bâtit.

Mais même à ceux qui ne sont pas aussi certains qu'une vie nous attend après la mort corporelle, le message de François enseigne une précieuse leçon et offre une grande consolation. Il nous rappelle que nos actions et notre capacité à nous élever au-dessus de notre intérêt personnel survivent bien après nous et jouent leur rôle dans la construction d'un monde où régneront la spiritualité et la paix.

Cette vérité ne m'était jamais apparue aussi clairement qu'à l'occasion d'un séminaire sur la paternité que j'ai dirigé pour un groupe d'éducateurs. Le dernier soir, un Nigérian devait se joindre à nous pour clore l'événement au son du tambour. Sa participation était inscrite au programme mais je ne m'y intéressais pas particulièrement : cette activité-là ou une autre, c'était pour moi du pareil au même.

Le soir de sa présentation, il est arrivé une heure à l'avance avec un vaste assortiment de tambours et de tam-tam de toutes les couleurs et de toutes les grosseurs. Il les a accordés avec soin et les a installés à notre disposition. L'un après l'autre, nous sommes entrés pour la session, un peu à reculons, et nous avons pris place sur les sièges qu'il avait disposés en cercle. Il arborait un sourire incroyablement chaleureux et ses manières avaient une grâce qui nous faisait nous sentir gauches et lourdauds. Mais sa cordialité nous libéra tout de suite de notre gêne et bientôt nous battions du tambour ensemble et en suivant le rythme.

Ce fut une merveilleuse expérience — bien plus intéressante que nous nous y attendions. Cet homme et ses tambours ont suscité une joie et une camaraderie qui manquaient avant son arrivée. La musique devenait une métaphore exprimant la communauté, et tous sans exception avons été touchés par ce que nous avions créé.

Il était environ neuf heures — le moment prévu pour la fin de la soirée —, plusieurs personnes lui demandèrent de rester encore un peu.

Il déclina courtoisement l'invitation. «Je regrette, dit-il, je dois partir.»

— Juste un peu…, avons-nous insisté.

— Impossible, je dois prendre l'avion. Je retourne à Lagos pour l'enterrement de ma mère.

— Les funérailles de votre mère? nous sommes-nous exclamés, saisis d'étonnement.

— Oui, dit-il. Elles devaient avoir lieu la semaine dernière, et nous n'osons pas les retarder de nouveau.

— Pourquoi ont-elles été retardées? demanda quelqu'un.

— Je devais être ici avec vous, répondit-il simplement. Alors j'ai fait reporter la cérémonie.»

— Vous avez fait remettre les funérailles pour être avec nous?

L'homme sourit, de ce sourire profond, chaleureux, aimant qui avait ensoleillé notre soirée.

— Eh oui! Nos funérailles ne sont pas comme les vôtres. Beaucoup de gens y assistent.

— Combien de gens? demanda quelqu'un.

— À peu près cinq mille personnes. Tous les gens du village.

Et nous, la trentaine que nous étions, l'avons regardé. « Alors vous avez retardé les funérailles pour nous ? » Et il sourit de nouveau. « Oui. Je vous avais dit que je serais ici. Je suis honoré d'avoir partagé cette soirée avec vous, et je vous remercie. »

Il nous quitta là-dessus.

Nous sommes restés silencieux, remplis de gratitude pour cet homme doux qui avait retardé les funérailles de sa mère, à l'autre bout du monde, afin de passer quelques heures avec quelques inconnus, parce qu'il s'y était engagé.

J'ai oublié son nom et jusqu'à son visage. Physiquement, il est aussi mort pour moi que s'il avait quitté ce monde. Mais il vit d'une vie éternelle en moi comme l'homme qui m'a appris le sens de la gratuité, de la délicatesse, de la fidélité à la parole donnée. Et j'enseignerai cette leçon à mes enfants, qui à leur tour l'enseigneront à leurs enfants. Dans nos cœurs, cet homme ne mourra jamais.

Alors que j'étais un tout jeune enfant, j'ai été frappé un jour par un couple de vieux qui traversaient la rue. Ils me semblaient à moi extrêmement vieux — têtes blanches, dos courbés, mains tremblantes et jambes chancelantes. Ils franchirent prudemment la bordure du trottoir et s'engagèrent sur la chaussée. L'homme prit le bras de la femme — je les revois encore. Il tenait son bras solidement alors qu'elle traînait le pas. Le feu de circulation changea ; les voitures se mirent à klaxonner. L'homme ne broncha pas, ne détournant pas les yeux ni ne lâchant le bras de sa femme. Il la portait, la soutenait, même si ses propres jambes le supportaient à peine. Et elle s'appuyait sur lui, pleine de foi et de confiance, comme s'il était un roc de sécurité. Sa confiance le rendait plus fort. Ensemble, ils affrontèrent la circulation, soutenus l'un par l'autre et par leur confiance mutuelle.

Je n'avais pas plus de six ans. Je ne connaissais pas grand-chose à l'amour désintéressé. Mais à cet instant, j'ai plus appris au sujet de la ténacité de l'amour qu'au cours de toute ma vie. Cet homme et cette femme, qui ne savaient même pas que je les observais, m'en ont montré la mesure et je n'ai jamais cessé depuis d'aspirer à cette constance.

Comme le doux Nigérian, ce couple vivra toujours en moi. Quand je suis tenté d'être dur envers ma famille ou que je me surprends à vouloir affirmer mes droits avant ceux de ma femme et de mes enfants, l'image de ce couple se réveille et me guide. Ils possèdent une vie éternelle dans mon cœur.

Qui sait ce que nous léguerons aux autres quand nous aurons disparu de leur vie? Même si nous ne leur serons plus présents physiquement, nous aurons façonné, par nos paroles et nos actions, une petite part de leur être, et cette influence rejaillira sur plusieurs autres.

Toutes nos actions sur cette terre ont une vie éternelle. Il dépend de nous de leur donner une portée qui augmente la lumière dans le monde ou qui ajoute aux ténèbres. Ce que François nous appelle à comprendre, c'est que les actions qui augmentent la lumière sont celles qui résultent de la mort de l'intérêt propre.

La conscience de soi est un phénomène complexe. En tant qu'elle nous distingue des autres, elle constitue notre individualité; mais en tant que nous la partageons avec tous les autres humains, elle enrichit notre humanité commune. Quand nous recherchons notre intérêt particulier, nous accentuons ce qui nous sépare des autres. Quand nous mourons à cet intérêt propre, nous enrichissons ce qui nous est commun.

L'homme qui a joué du tambour avec nous avait renoncé à son intérêt propre et, pour cette raison, il a touché chacun au centre de son humanité et vivra éternellement comme un instrument de la paix de Dieu dans nos cœurs. Les deux vieux qui traversaient la rue agissaient l'un pour l'autre, et sans le savoir ils ouvraient le cœur d'un jeune garçon à la réalité de l'amour.

Si nous tâchons de mourir à la part de nous-mêmes qui nous sépare des autres — nos désirs égoïstes, nos intérêts, les attitudes et les émotions qui construisent des murs autour de nous — et de faire vivre la part de nous que nous partageons avec les autres — notre capacité de compassion, notre désir de servir, notre souci de la terre et de tout ce qui l'habite — notre personne elle-même deviendra une source d'unité et de réconciliation.

C'est un équilibre rare et délicat, car nous ne pouvons jamais nous libérer complètement de notre attachement à nous-mêmes. L'artiste qui fait le portrait d'un autre, aussi bien que la garde-malade confrontée à la douleur et à l'angoisse de son patient, doivent créer cet équilibre quotidiennement. Nous tous, dans nos vies quotidiennes, y sommes appelés aussi. Écouter quelqu'un de tout son cœur, partager ses peurs et ses rêves, donner avec désintéressement, aider un ami dans le besoin : voilà autant d'occasions de mourir à soi-même et de naître à la vie éternelle.

Notre vie est un témoignage, et notre témoignage est notre héritage. C'est ce qui survit dans le monde après que nous l'avons quitté. Si notre témoignage en est un d'égoïsme, notre héritage éternel sera de l'égoïsme. Si nous témoignons de l'amour, de la bonté, de ce qu'il y a de meilleur dans le cœur humain, c'est cela qui vivra dans le cœur des autres après notre départ.

Sans doute, François aurait dit que, par notre témoignage, nous atteignons une vie éternelle au ciel, mais il n'est peut-être pas si mal de choisir une voie plus humble et de dire que ce dont nous témoignons a une existence éternelle ici sur terre. Si ce qui est uni et pacifié sur terre grâce à nos actions est également uni et pacifié dans un royaume éternel, nous n'en sommes que davantage bienheureux.

Il suffit cependant de savoir que, dans la grande symphonie de la création, nous avons joué notre partie avec pureté, humilité et sans fausse note. Quand nous mourrons, et que notre esprit montera vers le ciel étoilé et y percera une nouvelle ouverture, nous pouvons être assurés que la lumière de Dieu brillera plus fort sur cette terre. Et que quelque part, un bon jour, une personne qui viendra après nous regardera cette tache lumineuse et comprendra, ne serait-ce que confusément, qu'elle aussi a été appelée à être un instrument de la paix de Dieu.

Table

MEMBRE DE SCABRINI MEDIA

Québec, Canada
2001